引き寄せ力がぐ～んとアップする魔法の言葉

宮崎哲也 著

TAC出版

はじめに

いにしえより、密《ひそ》かに語り継がれてきた願望実現のためのシークレット——。
それが「引き寄せの法則」です。「引き寄せの法則」をアラジンの魔法のランプにたとえる人もいるくらいです。

いずれにせよ、これは長い間、一般の民衆には決して知らされることなく、ごく一部の権力者や為政者たちだけがその活用を許された秘伝だったとされています。

しかし、それは数百年の時を超えて、ついにその全貌が明らかになり、いまや自己啓発の基礎理論としてすっかり定着した感があります。その証拠に、「引き寄せの法則」に関する書籍が、次々と出版され、近年、急速に私たちの間にその考え方が広まっています。

ただし、惜しいことに、いかにそれらの書籍を数多く読みこなしても、法則自体は「頭では理解できている」けど、「体がついてこない」という状態になる人が意外に多いようです。

それは、私たちがいかに日々がんばって「引き寄せの法則」を実践しようとしても、それを阻むような出来事に絶えず遭遇し、その継続の意志がなえてしまうためではないでしょうか。

そこで本書の作成に当たっては、まず、そうした「引き寄せの法則」の実践にかかわる具体的な場面を想定することから始めました。そして、それらを乗り切るための考え方などを短い「魔法の言葉」としてまとめたのです。本書に紹介する魔法の言葉は、コンパクトかつ効果テキメンなものばかりです。

できれば、本書を心の常備薬として常に身近な場所に置き、いつでも読み返せるようにしていただければと思います。

本書が、皆さまの夢や願望実現の一助となることを願ってやみません。

宮﨑　哲也

もくじ

第1章 引き寄せの法則の基礎知識

第2章 幸せな人生に転換するための言葉

第3章 実行力をつけ目標達成に導く言葉

第4章 落ち込みそうなときに効く言葉

第5章 人間関係を円滑にして成功するための言葉

イラスト／テッド・高橋

第1章

引き寄せの法則の基礎知識

1-1 引き寄せの法則って何？

引き寄せの法則とは、人間は、よくも悪くも、自分が強く注意や関心を向けたことや思いのレベルに応じた現実（物、事、人、環境、境遇など）を磁石のように引き寄せるという「仮説」です。

別の言い方をすれば、環境などが人を作るのではなく、人の心が環境などを作るという考え方なのです。

もしこの仮説が真理だとしたら、悪いことに注意や関心を寄せたり、思いのレベルを下げれば、それだけ悪い現実を引き寄せるということになります。また逆に、よいことに注意や関心を向け、思いのレベルを上げれば、それだけよい現実が引き寄せられることになります。

引き寄せるとされているのは、お金や家、自動車といった「物」をはじめ、恋人や人脈などの「人」、人間関係、職業、健康、知名度……と、枚挙《まいきょ》に暇《いとま》がありません。

ちょっと信じがたい話かもしれませんが、多くの現代の成功哲学は、実はこの引き寄せの法則という「仮説」を、いわば「経験則」として前提にしているのですよ。

　もちろん、この話を信じたとしても、決してヘンな壺《つぼ》や印鑑を高価で買わせたりはしませんし、信じても「一害無くて百利あり」ですから、どうぞご安心ください（笑）。

引き寄せの法則とは

引き寄せの法則とは…

人間は、よくも悪くも、自分が強く注意や関心を向けたことや思いのレベルに応じた現実（物、事、人、環境、境遇など）を磁石のように引き寄せるという「仮説」。

▼

引き寄せるとされているもの

・モノ（物）：お金や家、自動車など
・人：恋人や人脈など
・その他：人間関係、職業、健康、知名度
…など数多くのものが引き寄せの対象となりうる。

1-2 引き寄せの法則の特徴

引き寄せは、善悪や本人が望んでいるか否かとは無関係に起こるとされています。そして、よいことでも悪いことでも、それに波長を合わせると実現しやすくなるのです。

それは、テレビで高尚な番組が見たければそこにチャンネルを合わせればよいし、低俗番組が見たければそこにチャンネルを合わせればよいのと同様なのです。

ですから、本当はお金が欲しいにもかかわらず、お金を忌み嫌う発言ばかりをしている人には、決して大金を引き寄せることはできないのです。お金を拒絶しているからです。

お金のよい面、その偉大な効用に意識を集中し、大切にしている人にお金はやってくるのです。

これはお金だけに限りません。

あらゆることについて、できるだけ明るい面、楽しい面、うれしい面、豊かな面、元気な面、ツイてる面等々、ポジティブな面だけに波長を合わせると、相応のポジティブな現実が引き寄せられやすくなるのです。

引き寄せの法則で、喜ぶこと、感謝すること、物事や他人の長所を見ること、ホメることなどが大切だと言われているのもそのためです

積極的に喜んだり、感謝したりすることは、自分に生じているよい面に注意を向けることです。物事や人の長所を見たり、ホメたりすることは、それらのよい面に注意を向けるということです。そうすることで、すべてのよい面が伸ばされ、ひいてはそれらをうまく活用できるようにもなるのです。

それだけではありません。

そのような習慣は、思いのレベルを上げることにもつながります。そして、ますます素晴らしい現実を引き寄せる力（引き寄せ力）をアップしてくれるのです。

いかがですか？

引き寄せの法則って、なかなか楽しい「仮説」だと思いませんか？　実際、引き寄せの法則のワークを実践していると、毎日がとても楽しくなるのですよ！

本書では、引き寄せ力をアップするたくさんの魔法の言葉およびその意味と用法をわかりやすく解説しています。

では、今から本書の内容をしっかり噛《か》み締めながらお読みください。本書を読み終えるころには、あなたの引き寄せ力がぐ～んとアップしていること請け合いです！

引き寄せの法則の特徴

引き寄せの法則の原理

引き寄せは、善悪や本人が望んでいるか否かとは無関係に起こるとされている。

▼

よいことも悪いことも、波長を合わせると実現しやすくなる。（テレビで見たい番組にチャンネルを合わせるのと同じ）。

自分が望む現象を引き寄せるには…

あらゆることについて、できるだけ明るい面、楽しい面、うれしい面、豊かな面等々、ポジティブな面だけに波長を合わせる。

喜ぶ、感謝する、物事や他人の長所を見る、ホメるなども大切。

▽

積極的に喜んだり、感謝したりすると、自分に生じているよい面に注意を向けることになり、ひいてはそれらをうまく活用できるようになる。

第2章

幸せな人生に転換するための言葉

2-1 よい引き寄せの基本を創《つく》る魔法の言葉

最近、ある友人から、「引き寄せのワークをやろうがやるまいが、人生そんなに大差はないのでは？」という意見をもらいました。

でも、決してそんなことはありません！

数年前、こんなことがありました。出張で新幹線に乗っていたときのことです。

広島駅で、パック旅行か何かと思うのですが、旅行帰りの団体の旅行客たちが私の席の前列（3席）と隣（2席）に乗ってきました。前列の旅行客は3人連れの中年の女性で、大声で延々と、宮島の旅行がつまらなかったという話をしていました。

断片的に聞こえてきたのは、

「鹿のふんが臭かったわねぇ」
「ホテルがほんと古くて汚かったね」
「従業員も気が利かなかったわね」

といった類いのことばかりでした。

とにかく旅行に来たこと自体を後悔しているような内容でしたので、こちらまで、いやぁな気分になりました。

ところが、一方の隣に座った老夫婦は、しばらくしてから、

「紅葉はさすがに見事だったな」
「鹿も、とてもかわいかったわね」
「ホテルの料理が、思ったよりおいしかった」

といった内容の話を楽しげに交わしはじめました。

その後、よく聞き取れませんでしたが、この旅行を紹介してくれた人だか、同行してくれたガイドさんだかに感謝状を書こうという話までしていたのです。

それを聞いて、こちらまで何だかとても心が温まり、そして幸せな気分になりました。

二つのグループの旅先は、同じ宮島であり、当然、同じホテルに泊まったのです。しかし、意識の焦点の当て方がまったく違っていました。

前席のグループは、悪い点ばかりに意識が向き、隣席のグループはよい点ばかりに意識が向かっていたのです。

あなたはどちらのグループが「幸せな旅行」を引き寄せたと思われますか?

もちろん、隣のお二人ですよね。

「旅行」を「人生」に変えて、もう一度今の話を考えてみてください。

物事のよい点に意識を向けるという引き寄せのワークの意味がおわかりいただけるのではないでしょうか。

では、この辺で、よい引き寄せの基本を作る魔法の言葉をご紹介しましょう。

それは、

「よい面にチャンネルを合わせよう！」

です。

引き寄せの法則では、「意識のチャンネルを合わせたものを引き寄せる」とされているのです。テレビやラジオと同じですよね。

先ほどもお話ししましたが、低俗番組が見たければ、それをやっている局にチャンネルを合わせればいいし、教養番組を見たければ、そこにチャンネルを合わせればいいのです。

今あなたは、意識のチャンネルをどこに合わせていますか？

よい面にチャンネルを合わせよう

よい面ばかり見る
▼
楽しい
▼
楽しいものを引き寄せる
▼
楽しい人生

同じものや出来事を見ても、意識のチャンネルの合わせ方で引き寄せるものも変わり、人生が大きく変わる

悪い面ばかり見る
▼
楽しくない
▼
楽しくないものを引き寄せる
▼
楽しくない人生

よい引き寄せの基本を創る魔法の言葉

よい面にチャンネルを合わせよう！

これから、意識のチャンネルを、できるだけよい方（長所、ツイてる点、喜ぶべき点、ワクワクする点、感謝すべき点等）に変えてください。

常にそうした努力を続けるだけでも、やがて人生がよい方向に大きく変わっていくことに気づくでしょう！

2-2 よりよい人生にするための魔法の言葉

友人などと「引き寄せの法則」の話をすると、必ず返ってくる言葉があります。

それは、

「現実はそんなに甘くないぞ！」

です。


この言葉、引き寄せの法則からすれば、もっとも誤った見方と言わなければなりません。

というのは、正確には、「現実は甘くない」ではなく、「現実は、いろいろ」と言うのが正しいからです。


現実というものは、決して一様ではなく、かなり混沌として多面的なものです。

確かに「甘くない現実」もあるでしょう。

しかし、ある意味、「甘い現実」があるのも事実です。

確かに「つらい現実」もあるでしょう。

でもその反面、たま〜には、「楽しい現実」もあるでしょ？

問題は、その現実の中のどの部分に焦点（意識の光）を当てるかが重要なのです。

「2-1　よい引き寄せの基本を創る魔法の言葉」でお話ししたように、同じ広島の宮島旅行に行った旅行客でも、鹿のふんや旅館の汚さばかりに意識の焦点を当てている人もいれば、紅葉の美しさや旅館の食事のすばらしさなどに焦点を当てる人もいるのです。

この二つのグループの旅行客は同じ「現実」を体験したはずなのですが、一方はネガティブな現実を、他方はポジティブな現実を引き寄せていると言えるでしょう。

同じ富士山を見ても、ある人は「幻滅した、結構汚い普通の山だった」と言う人もいれば、「いやぁ、まさに荘厳で、神がかり的な美しさだった」と言う人もいるのです。

この両者は同じ現実（富士山）を見たはずなのです。

しかし、本人たちがそれぞれ引き寄せた現実は真逆ですよね。

あなたは、どちらの現実を引き寄せて生きていきたいですか?

現実には、大きく分けてコインの表裏のように二つの面があります。
一方がネガ（ネガティブ）・ワールドで、もう一方がポジ（ポジティブ）・ワールドです。

どちらに住むかは、あなた自身の選択にかかっています。
少し前置きが長くなりましたが、そろそろ、よりよい人生にするための魔法の言葉をご紹介しましょう。

それは、

「ポジ・ワールドに住もう!」

です。

人間は、放っておくと、なぜかネガ・ワールドに立ち入ってしまう傾向があるようです。

しかし、そこに幸せはありません。

意識の光の焦点をプラス面、ツイている面、長所、感謝すべき点に徹底的に当ててみましょう。

そうするだけで、あなたはポジ・ワールドの住人になれるのです。

ただし、ポジ・ワールドでは、「ネガ語」は一切使えません。

例えば、

「疲れたな」→「頑張ったな」「鍛えられたな」
「イライラするな」→「ワクワクするな」
「傷ついたな」→「磨かれたな」
「失敗したな」→「学んだな」
「ダメだな」→「改善の余地ありだな」
といった具合です。

つまり、ネガ語からポジ語へと変換しなければポジ・ワールドでは通じないのです。

あなたはどっちに住みたい？

ポジ・ワールド

ポジ語のみOK

・頑張ったな
・ワクワクするな

ネガ・ワールド

ネガ語が蔓延

・疲れた
・イライラする

もちろん、現実はいろいろ、人生いろいろ、でしょう。

でも、そのいろいろの中から、ポジティブな面に意識を集中し、その部分を徹底的に伸ばし、育み、愛情を注ぎこむ生き方に変えてみてください。

そうした生き方が完全に身についたとき、あなたはポジ・ワールドの住人になっていることに気づくことでしょう。

ポジ・ワールドの住人は、同じポジ・ワールドの住人をたくさん引き寄せることになりますから、人生がよりいっそう素晴らしいものになっていくはずですよ！

よりよい人生にするための魔法の言葉

ポジ・ワールドに住もう！

2-3 幸運を呼び込むための魔法の言葉

運がいい人、つまりツイている人の特徴をご存じでしょうか?

それは、ツイている人は、「自分のことをツイていると思っている」ということです!

これは、ツキに関する多くの書物で必ずと言ってよいほど、指摘されていることです。

では、早速、そこからヒントを得た、幸運を呼び込むための「魔法の言葉」をご紹介しましょう。

それは、

「私は、運がいい(ツイてる)」

です。


幸運を呼び込みたい方は、会話中にこの言葉を口にし、また時間があるときには、何度も何度も繰り返し唱えてください。

言葉には、「言霊《ことだま》」といって、現実を変える力があると言われています。不思議なことですが、「運がいい」と言っていると、思考の焦点が、運がいいことに集まり、本当に運がいいと思えることが起こりやすくなるのです。

一代で世界的な大企業を築き上げたパナソニック（旧松下電器）の創業者である松下幸之助さんは、「成功の秘訣は？」と聞かれるたびに、いつもこう答えていました。

「まぁ、運がよかったってことでっしゃろな」

松下さんは、学歴もないうえ、とても病弱でした。

それでもなお、運がよかったと言うのです。

松下さんは、小学校も出ないまま、丁稚《でっち》奉公に出されました。

だから、一般的な学識と呼べるものはあまりありませんでした。

しかし、だからこそ、一生懸命、素直な心で周りの人の知恵（衆智）を集めることに徹し、経営に活かすことができたのです。

また、体が弱かったから、部下にエンパワーメント（権限委譲）をせざるを得なかったのです。エンパワーメントは、いまや効率的な経営をするための基本と言われていることです。

私は運がいい

どんなことも前向きにとらえ、
「私は運がいい（ツイてる）」と思い、
言葉にすることが大事

要するに、松下さんは、社会通念上では運が悪いと思われることでも、「運がいい」と捉え、自己および会社の成長の糧としてきたのです。

だから私たちも、どんな些細なことでも、また、一見運が悪いと思えるようなことでも、できるだけ運がいい部分として捉え直し、そこに極力、光を当て、目を向けるようにしましょう。

そして、「運がいい」、あるいは「ツイてる」という言葉を口癖にしましょう。

そうすれば、言霊が働いて、本当に運がいいことが起こりますよ！（笑）。

幸運を呼び込むための魔法の言葉

私は、運がいい〔ツイてる〕

2-4
幸せをゲットするための魔法の言葉

人は、できるだけ多くの幸せをゲットしたいものですね。

そこで、そんなあなたのために早速、とっておきの魔法の言葉をご紹介しましょうね。

それは、

「与えるものが、受け取るもの」

です。

よく人に何かを与える人は、それだけ多くの何かをもらっているようです。

であれば、多くのものを受け取りたいのなら、多くのものを与えるほうがよいということになります。

別にこれは金銭的なものを与えるということだけを言っているのではありません。

笑顔を周りに与えている人は、多くの人から笑顔をもらっています。

優しい言葉を話す人には、人よりも多くの優しい言葉がかけられるものです。面白いことを話している人には、面白い話が集まってきます。松本人志さんがやっている「すべらない話」という番組を見てもつくづくそう思います。そして、人に知識（情報）を与えている人には、多くの人から知識（情報）が入ってくるのです。

私は以前から多くの人にＦＸ（外国為替証拠金取引）の話をしてきました。すると、いまでは多くの人から、さまざまなＦＸの先端知識が入ってくるようになりました。

気がついたら、すでにＦＸ関係だけで、４冊の本を出版し、現在も3冊の執筆依頼を受けて、うれしい悲鳴をあげています。

また私は、「引き寄せの法則」というブログを運営しています。内容は、もちろん、「引き寄せの法則」についての知識や考え方などです。

学生などの若者向けなので、「少し軽すぎない？」という批判を受けることもありますが、それにもめげず、日々、若者目線で、一生懸命ブログを書いています。そうすると、最近、いろんな人から引き寄せのことについて情報が入ってきて、改めて教えられることも少なくありません。

ちょっと話がそれますが、私は、**Give & Take**という考え方はあまり好きではありません。

そこには、

「〜してあげただろう、だから、その分よこせ!」といったニュアンスが感じられるからです。

これでは与えられたほうに感謝などのよい波動が芽生えにくく、与えた本人にもよい波動は返ってこないのではないでしょうか。

であれば、引き寄せ力を高めるためには、Takeをあまり考えずに、積極的にGiveしたほうがよいのです。

日本のトップの経営コンサルタントとして知られる船井幸雄さんは、自らの経験則を踏

まえて、

「与えていると、大体その3倍以上のものが与えた本人に返ってくるものだ」と述べています。


現実には、与えた相手（本人）から直接返ってくることは少ないとのことですが、回りまわって、別の人から、与えた人に3倍以上のものが返ってくると言うのです。

だから、船井さんは、**Give & Take**などとセコいことを言わずに、**Give & Give**でいきなさいと勧めています。


ただし、ここで与えるものを何にするかは慎重に考える必要があります。

お金のない人が人にお金をあげていたら、あげた本人が生きていけなくなりますよね。

また、歌が下手な人から、執拗に歌のプレゼントをされても、ひたすら迷惑なだけですよね！（笑）。


ですから、与えるのは、自分の中で豊かなもの、得意なもの、ツイてるものにしてください。つまり、人に与えれば与えるほど、自分にも入ってくるものです。

与えたものは減らず、何倍にもなって返ってくる

知識
はい、
どうぞ
ありがとう

いろんな人に、例えば自分の知識を教えてあげたり、
うれしい言葉をかけておくと……

思いがけないところから何倍
にもなって返ってくる

数学が得意な人は、人に数学をいっぱい教えてあげてください。

その人は、有償無償を問わず、それを長年続けていると数学の知識がこれまで以上にふんだんに入ってきて、大変な数学の実力者になれるかもしれませんよ。そうなれば、お金も後からついてくることでしょう。

さあ、あなたも今日から、「与えるものが、受け取るもの」と心得て、周りの人に惜しみなく与えてください。

与えたものは、減るのではなく、どんどん増えていくのですから！

幸せをゲットするための魔法の言葉

与えるものが、受け取るもの

2-5 引き寄せの姿勢が身に付く魔法の言葉

「引き寄せの法則」では、常に引き寄せの姿勢を整えておくことが大事です。

具体的には、自分自身がよい波動を発すると同時に、自分もよい波動を受けられるような状況を作ることです。

そうすれば、よいものを引き寄せられるようになるからです。

といっても、具体的にどうすればよいかわかりませんよね。

そこで今回は、あなたに引き寄せの姿勢が身に付く魔法の言葉をご紹介しましょう。

それは、

「快感でモチベートしよう！」

です。

これは、周りの人や自分をモチベート（動機付け）する際に「快感」を上手に活用しようという意味です。

実は、周りの人に何かしてもらいたい場合、二通りの方法があります。

ひとつは**不快誘導法**。

これは怒りや不快感を相手にぶつけて、恐怖心や嫌な思いを味わわせて自分の指示や命令に従わせる方法です。

「アメ」と「ムチ」のたとえで言えば、「ムチ」によるモチベーション法と言えるでしょう。これをやると、相手は恐怖や嫌な思いから逃れたいので、比較的すぐに効果が出ます。

したがって、緊急避難的に言うことを聞かせる場合には、かなり有効です。

しかし、相手はどこかに反発心が残っていますので、持続的な効果は期待できません。

怒る側も、血圧が上昇して気分が悪くなるなどの副作用がありますから、やはり得策とは言えないでしょう。それに互いに不快な波動を発しますから、引き寄せの法則からは、あまりお勧めできない方法です。

もう一つは、**快感誘導法**。これは相手のよいところを見て、そこをホメて、つまり快感を与えて伸ばす方法です。

「アメ」と「ムチ」のたとえで言えば、「アメ」によるモチベーション法と言えるでしょう。

この場合、相手はホメてもらった快感をまた得たいと思って、率先して頑張ろうとします。

ホメる側もよい波動を出さなくてはなりませんし、ホメられた相手も、当然、よい波動を出してくれます。したがって、快感誘導法のほうが不快誘導法に比べてはるかによい意味での引き寄せ力を高めてくれるのです。

また、快感誘導法は、他人だけでなく自分に対しても行う必要があります。

もちろん、何でも「ド真剣」に取り組むことが大事です。

しかし、いつもただ「頑張る、頑張る」とストイックにやっていては、モチベーションが長続きしませんよね。

長続きできないやり方を続けるということは、真の意味でのド真剣さが欠如していることを意味するのですよ！

これはサプリメントの分野で大成功して、毎年長者番付の上位にランクインしている斉藤一人さんの本で読んだことですが、眉間《みけん》にしわを寄せて、「頑張る」のは決して得策ではなく、むしろ努力の過程で何らかの快感を得ながら続けること、つまり「顔晴（がんば）る」ほうがはるかに効率的かつ効果的なのです。

では、具体的にはどうすればよいでしょうか。

例えば、
「ノルマを果たした自分をホメてあげる」
「今月はこれだけ頑張ったから」ということで、ご褒美として、以前から欲しかったものを買う。
「今週は、頑張って仕事をこれだけ進めたから」と週末においしいものを食べる。

このように、自分に対して、適宜、快感を与えることが有効なのです。

自分をホメたり、楽しいことをしたり、おいしいものを食べたりすると、快感が生まれますが、その時、脳からドーパミンという神経伝達物質が分泌されることが知られています。

ドーパミンが適度に分泌されると、脳が活性化し、心的なエネルギーが湧いてきてイキイキとした生活を送ることができます。

ストイックなものは長続きしない

頑張る、頑張る、
頑張る……
もうや〜めた

時には頑張った自分に
快感を与えよう

私って
よく頑張ったよね！
WINE

自分が頑張ったご褒美に
以前から欲しかったものを買ったり
おいしいものを食べる

逆にドーパミンの分泌が抑制されると、無気力状態やうつ状態になることもわかっています。

ところで、ステッパー（室内でウォーキングと同じような効果が得られる運動器具）と連動したゲームも運動を長続きさせるために、快感誘導法が取り入れられています。

このようなゲームでは、ステッパーを踏んだ時間に応じて、例えば、東京の新宿から上野まで移動した、というように移動した地名や距離が表示されます。

すると、「今日は上野まで行けた」とか「もうすぐ富士山に近づく」といった達成感が味わえ、それが快感につながるというわけです。

あなたも、ただ頑張るだけではなく、ときには頑張った自分に上手にご褒美（快感）をあげましょう。

そう、ただ頑張るのではなく、顔晴（がんば）るのです！（笑）。

そうすることで、さらによいものを引き寄せるエネルギーが得られることでしょう。

引き寄せの姿勢が身に付く魔法の言葉

快感でモチベートしよう！

2-6 幸福への道を歩むための魔法の言葉

人は、一生の中で、重大な決断をしなければいけない場面が何度か訪れます。

その決断が、重大なものであればあるほど、何を判断の基準にすればよいかと迷うこともありますよね。

そんなとき、幸せへの道を歩む決断をするために思い出していただきたい、とっておきの魔法の言葉があります。

それは、

「高次元の本音で生きよう！」

です！

「高次元の本音」というと、不思議に思う方もいるかもしれませんね。「本音と建前」と対比されるように、「本音」と言えば、利己的で低次元なものというイメージが一般にはあるからです。

しかし実は、私たちの中には、二通りの本音が存在しているのです。

一つは低次元の本音。これは「サボりたい」「自分さえよければ他はどうでもいい」といった利己的な本音です。

もう一つは高次元の本音。これは「自分を正しく成長させたい」「世のため、人のために尽くしたい」といった利他的な本音です。

どちらも本音なのですが、その内容は天と地の差がありますね。そして、私たちは、常にこの二通りの本音と葛藤《かっとう》しながら、さまざまな判断を下しているのです。

低次元の本音で決断すると、一時的には自分の望んだ結果となるかもしれません。しかし、最終的には、自分で自分を窮地に追い込むことになるのです。

「引き寄せの法則」では、その人の思いや心の状態に見合ったレベルの現実(物や事、環境、境遇など)を引き寄せるからです。

例えば、「サボりたい」という低次元の本音で決断して、いつも仕事をサボっている人がいたとします。するとその人は、短期的にはラクができるかもしれませんが、周囲の評価は確実に落ちます。最悪の場合は、やがてリストラの対象となり、職を失うことだってあるのです。

いずれにしても、人は重大な決断を迫られたときこそ、「高次元の本音」で判断すべきです。そうすると、結局のところ、よい結果が引き寄せられるのです。

この「高次元の本音で生きる」を忠実に実行したのが、携帯電話ａｕを手がけるＫＤＤＩの前身、ＤＤＩ(第二電電)を設立したことで有名な京セラ名誉会長の稲盛和夫さんです。

本音には２通りある

高次元の本音

人のために尽くしたい
自分を成長させたい

高次元の本音で
決断すれば……

▼

結局はよい結果を
引き寄せられる

低次元の本音

サボりたい
自分さえよければいい

低次元の本音で
決断すれば……

▼

一時的には望みどおり
になっても、最終的に
は窮地に追い込まれる

高次元の本音で生きよう！

稲盛さんが、そのDDIの設立を検討していた頃のこと。

当時、稲盛さんは、新会社設立の動機について「NTTの独占状態を打破し、アメリカのような低料金の電話会社を作りたい」と公言していました。

しかし、稲盛さんは、口ではそう公言しながらも、果たして新会社設立の動機は本当にそのような「高次元の本音」によるものだけなのか、と自問自答し始めたのです。

本当に社会に貢献したいという思いだけなのか。

自社のエゴではないのか。

スタンドプレーではないのか。

自分が儲けたいという私利私欲はないのか……。

悶々《もんもん》と苦しみながら、来る日も来る日も「動機善なりや、私心なかりしか」と繰り返し、繰り返し、自分に問いかけました。

その期間は、実に半年間にも及んだのです。

そしてようやく、自分の心の中にみじんも邪《よこしま》なものがないことを確認して、ＤＤＩの設立に踏み切ったのです。

結局、ＤＤＩ設立は、ＮＴＴの独占状態に風穴を開け、業界に大変革が起こりました。

すると、格安の通話料を掲げた新会社が次々に設立されたのです。

日本の電話代は格段に安くなりました。

サービスも大幅に向上し、私たちは、この稲盛さんの「高次元の本音」に基づいた「英断」の恩恵を大いに受けることとなったわけです。

そして、当然、稲盛さんはこの決断によってさらに経営者としての評価を上げることとなったのです。

ところで、決断の判断基準には、高次元の本音以外にもう一つの基準があります。

それは「思いの方向性」に関する基準です。

「思いの方向性」とは、その決断内容によって、ポジティブな思いが生じるか、ネガティブな思いが生じるかということです。

ポジティブな思いとは、楽しい、得意、明るくなる、といった思いです。

また、ネガティブな思いとは、苦しい、苦手、暗くなる、といった思いです。

どんなに高次元の本音に基づいて下した決断だとしても、ネガティブな思いがつきまとうようでは、やはりうまくいかないでしょう。

したがって、最良の決断とは、「高次元の本音に基づき、なおかつポジティブな思いがわきあがってくるもの」と心得ておきましょう。

このことを視覚的に理解していただくために、「判断基準のマトリックス」という図にまとめてみました。

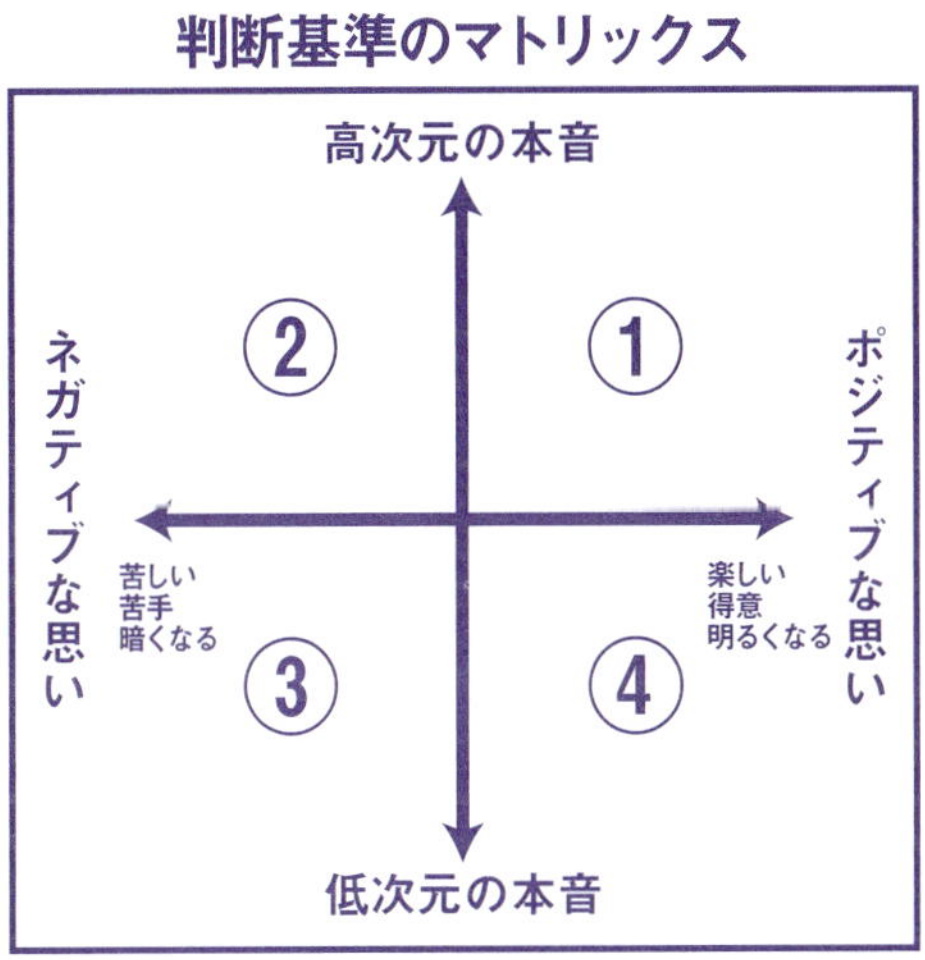

引き寄せの法則に従うなら、「高次元の本音＋ポジティブな思い」となる、①での決断が最良ということになります。

②は、「高次元の本音」に基づいているので一応よい決断といえますが、苦しく、苦手で、暗くなる決断ですから、長続きしない可能性が高くなります。

③での決断は、アル中で苦しんでいる患者がお酒に手を出すような低次元かつ苦しいものです。さらに体調を崩すことは間違いありません。

④での決断は、仕事を怠けてギャンブルに興じるような決断です。短期的には楽しいかもしれませんが、長期的にはミジメな境遇を引き寄せてしまうことになるでしょう。

いかがですか？

重大な決断に迫られたときほど、「高次元の本音」を優先し、判断基準のマトリックス上の①の決断をすべきだということがわかるでしょう。

そのほうが、長い目で見れば、結果的によいものを引き寄せられるようになっているからです。

幸福への道を歩むための魔法の言葉

高次元の本音で生きよう！

2-7 愛情深い人になるための魔法の言葉

幸せになれる人は、例外なく愛情深い人です。なぜなら、そういう人は周りから必要とされ、信頼され、大切にされるからです。

では、どうしたら愛情深い人になれるのでしょうか？

そこで早速、愛情深い人になるための魔法の言葉を紹介しますね。

それは、

「～さんにいいこと、うれしいこと、幸せなことがいっぱいありますように！」

です。


夜寝る前か、朝目覚めてすぐ、まどろんだ状態で、ベッドの上で声に出して言うと効果的です。愛情に満ちた心で、祈る相手の幸せそうな笑顔をイメージしながら、手を合わせて行うといっそう効果的ですよ。

最初は祈る対象を10人程度選んでやってみてください。慣れてくると、一人３秒程度しかかかりませんから、10人でも約30秒で済みます。

これなら朝が弱い人でも、大丈夫ですよね（笑）。

引き寄せの法則では、他人の幸せを祈ることが自分に幸せを引き寄せる最良の方法の一つと考えられています。それは引き寄せの中核エンジンである潜在意識の特徴＊に由来しています。

潜在意識は、そこに浸透した言葉やイメージを現実化する力があると言われています。しかし、潜在意識には人物主語が理解できず、全部祈った本人にその言葉やイメージどおりの現実を引き寄せようとするのです。

ですから、他人を恨んで、「あいつ、不幸になればいい」なんて祈るのは、悪い念を相手に送ると同時に「私が不幸になればいい」と祈っていることになるのです。

「人を呪《のろ》わば穴二つ」と言います。

この場合、一つの穴は呪った相手用ですが、もう一つの穴は呪った本人用の穴です。えっ、

＊詳細は、拙著『夢をかなえる「引き寄せの法則」バイブル』（秀和システム刊）をご覧ください。

～さんにいいこと、うれしいことがありますように！

お父さん
お母さん
おじいさん
おばあさん
だんなさん
○○ちゃん
みんなに、いいこと、
うれしいこと、幸せなことが
いっぱいありますように！

朝目覚めてすぐか、夜寝る前に祈ると効果的穴って何かって？　もちろん、「墓穴」のことですよ！

逆に、他人の幸せを祈ることは、その相手によい念を送るのと同時に自分にも幸せを引き寄せることになります。

私が運営している「引き寄せの法則」というブログでは、記事の締めくくりに、決まって、「では、あなたにいいことがいっぱいありますように！」と書いていますが、それはこういう理由からだったのです。

このように祈ると、読んでくれたあなたによい念が行くと同時に私自身にもよいことが起こるというわけです（笑）。

愛情深い人になるための魔法の言葉

～さんにいいこと、うれしいこと、幸せなことがいっぱいありますように！

第3章

実行力をつけ目標達成に導く言葉

3-1 一歩踏み出す勇気を得る魔法の言葉

あなたには、「やってみたいなぁ～」とずっと思っていながら、なぜか踏み切れない、などということはありませんか？

何にせよ、新しい物事を始めるのは、勇気がいるものです。
失敗するのは怖い……、
でも、どうしてもあきらめきれない……。
ここでは、そんなあなたに、とっておきの魔法の言葉をご紹介しましょう。

それは、

「Go for broke!（当たって砕けよ！）」

です。

私たちは、何かやってみたいことがあったとしても、「失敗したらどうしよう」というマイナスの思いが、行動にブレーキをかけて、第一歩が踏み出せなかったりします。

でも、年を取って、死期が近づいてくると、意外に、失敗したことよりも、

「あのとき、何であれをしなかったんだろう？　やっておけばよかった……」

と、後悔することのほうが多いそうです。

実は、こういう主旨の名言を残している偉人はたくさんいます。

その一人が、『王子と乞食』や『トム・ソーヤの冒険』などの著者として有名なマーク・トウェインさんです。

トウェインさんは、

「やったことは、たとえ失敗しても、20年後には、笑い話にできる。しかし、やらなかったことは、20年後には、後悔するだけだ」

と述べています。

また、米国のジャーナリストで、ショートコラムニストとしても有名な、シドニー・J・

ハリスさんは、

「自分がしたことに対する後悔の念は、時間が緩和してくれる。癒しがたいのは、しなかったことに対する後悔の念だ」

と述べています。

もちろん、やって失敗することもあるかもしれません。

しかし、納得はできるでしょう。

ところが、やらなかったら、もちろん失敗するリスクはないけど、後々、後悔の念に苛《さいな》まれ、耐えがたい未練を残してしまうことが多いのです。

引き寄せの法則に照らしても、チャレンジ精神は、よい引き寄せにとって、重要な要素です。積極的な思いと言動が、積極的な現実（物、事、人、境遇、環境など）を引き寄せるからです。

もしあなたが今、

「失敗は怖いけど、やってみたいなあ」

と思っていることがあれば、慎重に検討したうえで、果敢にチャレンジしてみましょう！

思いを打ち明けたい人がいたら、思い切って伝えてみませんか？

どうしてもなりたい職業があるのに、世間体や常識に縛られて、転職できないでいる人は、思い切って、ハンドルを切ってみませんか？

もちろん、何事をやるにしても、慎重さや思慮深さは必要ですが、慎重に検討を重ねたうえで、なおやってみたいことがあれば、ぜひチャレンジしてみてはいかがでしょうか。

人は死ぬときに、

「何事もなかったけど、つまんない人生だったな」

と思うより、

「失敗したこともあったけど、果敢にチャレンジした人生だったな」

と思えるほうが、ずっと幸せなのですから。

私も、『夢をかなえる「引き寄せの法則」バイブル』（秀和システム刊）を出版しました

Go for broke！（当たって砕けよ！）

あなたのことが
好きです!!
えっ！
あのとき失敗を恐れず
チャレンジしたから、
今があるんだよ

が、「引き寄せの法則」自体を非科学的と捉える学界に属する者としては、実はかなり勇気がいることでした。

学者としての信用・信頼を失ったら、どうしよう……と。

でも、「もともと信用はほとんどなかったから、いっか」ということで、出版に踏み切りました（笑）。

いずれにしても、「経験は知識に勝る」のです。何事も、やってみなければ本当のところはわかりません。やってみてはじめてわかることがたくさんあるのです。

「当たって砕けよ！」精神は、きっと、あなたの引き寄せ力を格段にアップさせてくれるはずですよ！

一歩踏み出す勇気を得る魔法の言葉

Go for broke!（当たって砕けよ！）

3-2 人生を後悔しないための魔法の言葉

前項では、「当たって砕けよ！」という魔法の言葉を紹介しましたね。

いかがですか？

重い腰、上がりそうですか？

「うーん、そうは言ってもねえ…」と、いまだに腰に鉛が入っている（！）あなたに、ダメ押しの魔法の言葉をご紹介しましょう。

それは、

「Now or Never（今がそのとき）」

です！

もともと、now or never には「今やらなければ、絶対やらない」というような意味があります。例えば、now or never chance というと、「千載一遇《せんざいいちぐう》のチャンス」という意味になります。

この言葉を見て、テレビアニメ番組「アストロボーイ・鉄腕アトム」の主題歌を思い出した方もいるかもしれませんね。人気デュオのケミストリーと、人気グループｍ－ｆｌｏ（エムフロー）が、コラボした曲です。

この曲は、子どもたちにも高い人気を集めたそうです。

かなりアップテンポの曲で、少し聞き取りづらいかもしれませんが、その中には、次のような歌詞が出てきます。

Now or never　思い出を
Now or never　刻まれた
心だからもう一度始めよう
Now or never　無理じゃない
Now or never　取り返そう
未来はこの手にあるから

印象的なのは、「未来はこの手にあるから」という歌詞です。

「未来の自分」は、人が作ってくれるわけではなく、

後悔を繰り返している人のパターン

う～ん、どうしよう失敗したらいやだな
5年後
あのときああしておけば今ごろはこんなことにならなかったのに
Now or Never！今がその時期ですよ今やらないと、また5年後に後悔しますよ
そして、また…
う～ん、どうしよう失敗したらいやだな

「今の自分」が創る……。

私たちは、意外に、この当たり前のことに気づかずに過ごしています。

例えば「5年前に、ああしておけば、今ごろはこんなじゃなかったかもな」などと、過去を振り返って悔いている人が大勢います。

でも、過去を後悔するより、未来に向かって生きたほうがずっと素敵な人生が送れるでしょう。

5年後の未来からさかのぼって考えれば、その「5年前」とは、「今」ということです。

だから、今がその時（Now or Never）なのです！

「ダイエットは、明日から」などと言っている人は、永遠にダイエットできないのですよ（笑）。

人生を後悔しないための魔法の言葉

Now or Never（今がそのとき）

3-3 初志貫徹させるための魔法の言葉

引き寄せの法則とは、心がそのあり方にふさわしい現実を引き寄せるという仮説ですが、その際の「心」とは何でしょう?

実は心には二つの側面があります。

意識（顕在意識）と**潜在意識**（無意識）の二つです。

どちらも心なのですが、意識と潜在意識とでは、どちらのほうが大きいかご存じですか?

記憶できる情報量からいって、潜在意識のほうが圧倒的に大きいと言われています。一説によると、潜在意識は、意識より10万倍以上も大きいとのことです。

意識のほうは、主に、今この瞬間の判断や、感情や思いの意識的な制御を担当していますが、潜在意識はこれまで得たすべての経験や知識を蓄積しています。

どんなに意識的に思い出そうとしても思い出せないことでも、催眠術などをかけて潜在意識の扉を開くと、はるか昔の幼児の頃の思い出が蘇ったりするのはそのためです。

いずれにしても、潜在意識はその大きさからいっても、「引き寄せの中核エンジン」とも呼ぶべき存在なのです。そしてさらに言えば、引き寄せの中核エンジンである潜在意識は、本人が本気であるときにもっとも強く反応するのです。

よく、「ダイエットしようとイメージしているのに、なかなか効果がでません」「収入を増やしたいと願っているのに、あまり増えません」といった話を耳にします。

それはなぜでしょうか？

原因は、いろいろ考えられますが、もっとも重大な原因の一つは、潜在意識に本気の決意や覚悟が感じられないという点にあります。

漠然と、「痩《や》せたいなぁ」とか、「お金を貯《た》められたらいいなぁ」とか、「もっと収入を上げたいなぁ」、などと思っていても、ほとんど実現しないものです。

なぜなら、潜在意識が本気と受け止めていないからです。

ところで、潜在意識に本気と受け止めさせ、初志貫徹に導いてくれる「魔法の言葉」があるのをご存じでしょうか？

それは、

「絶対に」

です！

「えぇっ、この世に絶対なんてないのでは」などと言わないでくださいね。科学的な論証の問題ではなく、あくまでもモチベーションの話なのですから。

「私は絶対に48キロになる！」
「絶対に1000万円貯金する！」
「絶対に年収2000万円になる！」

といった言葉を強い強い念とともに、できれば握りこぶしをつくり、声に出して何度も発することが大切です。

そうすれば、潜在意識はあなたの決意や覚悟が本気であると受け止め、引き寄せの中核エンジンを全開にして頑張ってくれるはずです。具体的には、その目標の達成に向けて努力を継続できる自分になれるわけです。

絶対に

絶対に
年収 2000 万円を
達成する！
絶対に
1000 万円
貯金する！
絶対に
体重 48Kg に
なる！

潜在意識が「本人の決断や覚悟が本気」
と受け止める

▼

目標に向けて具体的な努力を
継続できる

この**「絶対」**という言葉、私の経験に照らしても、絶大なる威力を発揮してくれますよ。

一度、ぜひ試してください。

「絶対」によい結果が出ますから！（笑）。

絶対に

初志貫徹させるための魔法の言葉

3-4 ポジティブな心を創る魔法の言葉

「引き寄せの法則」では、物や事、人、境遇、環境などの長所に光を当て、そこに意識を集中させることが重要です。つまり、プラス思考をしよう、というわけですね。そうすると、ポジティブな現実を引き寄せられるようになってきます。

しかしそうは言っても、現実にはなかなか簡単ではありませんよね。

「プラス思考をしたほうがいい」ということは、「頭」ではわかっていても、「心」のほうがどうしても拒否してしまうことも時にはありますからね。

例えば、好きな恋人にフラれたばかりなのに、

「あー、フラれてよかったなぁ」なんてすぐには思えませんよね。

大病をしているのに、

「私は元気で、楽しくて仕方ない」なんて思うのもかなりの無理があります。

納豆が大嫌いなのに、

「納豆、だーい好き」だと思え、って言われても、無理でしょ（笑）。

実は、そんなときに、とっておきの魔法の言葉があるのです。

それは、

「まず、形から入ろう！」

です！

この**「まず、形から入ろう！」**のもとになっているのは、「心身一如《しんしんいちじょ》」という禅の教えです。

簡単に言えば「心と体はつながっている」ということです。

茶道では、**「心は形を求め、形は心をすすめる」**、あるいは**「容（かたち）は心を呼び、心は容を呼ぶ」**という言葉で表されます。

茶道には大変厳格な作法がありますが、これもこの考えに基づいたものと思われます。

つまり、相手に精いっぱいの礼を尽くし、もてなす心はそうした厳格な作法を実践することで、自ずと養われていくということです。

そこにあるのは、**「一期一会《いちごいちえ》」**の精神です。

この言葉は、茶道の千家流の創始者、千利休の言葉「一期に一度」に由来すると言われています。つまり、客を迎える側は、「このひとときを、この人とは、一生に一度しか会えないという気持ちで、人生の中で最高のひとときになるようにもてなそう」ということです。

もてなす人も、もてなされる人も、今度いつ逢《あ》えるかわからない、もしかするとこれが最初で最後、一生に一度の出会いになるかもしれません。

だからこそ、作法という「形」を通じて、できる限りの礼を尽くし、互いに愛の心を伝えようとするのです。

日常生活でも、形を整えると、だんだんとその形に心が伴ってくることはありませんか?

高級でお気に入りの洋服を着たとき。
入学式に新しい制服を着たとき。
結婚式に呼ばれて、おしゃれをしたとき。
素敵な高級時計やアクセサリーを身に着けたとき。

まず、形から入ろう！

結構な
お点前《てまえ》で
お粗末で
ございました

茶道では作法という「形」を通じて
できる限りの礼を尽くし、
互いに愛の心を伝えようとする

▼

ユウウツなときも「形」から明るくしよう

目線はまっすぐ前を見て
口角を上げる
気に入ったおしゃれな
服を着てみるのもOK
今日は
元気だ！
発言も明るく
背筋を伸ばす

……などなど。

そんなときは、普段よりも背筋が伸び、知らず知らずのうちに洗練された立ち居振る舞いを心がけていたりしますよね。素敵なものや高級なものを身に着けるという「形」に自分の「心」を合わせようとするからですね。

はじめはポジティブな思いがなくても、言動をそれらしく変えるだけで、やがてポジティブな思いが芽生えてくるものです。

ユウウツだなと思うときでも、まずは背筋を伸ばし、顔を上げ、まっすぐ前を見詰め、形だけでもよいので、口角を上げて笑顔を作ってみましょう。

そうするうちに、なんとなく気持ちが上向いてくる気がしませんか?

またポジティブな言葉も、プラスの言霊《ことだま》をもっていますから、繰り返し発し続ければ、自らの思いを劇的に変えてくれる効果があります。

ちょっと調子がよくなくても、

「よし!　今日は元気だ!」と言ってみましょう。

なんとなく、元気が湧いてくる気がしませんか？

このように、プラス思考は難しくても、プラス言動ならできますよね。

「形から入る」のよいところは、最初は思っていなくても、まず行動するだけで効果が期待できるということです。


そうするだけでも随分と心の持ちようが変わるはずです！

意外と簡単でしょ？

もちろんタダでできますよ。

ぜひ、お試しください！

ポジティブな心を創る魔法の言葉

まず、形から入ろう！

3-5 泰然と信念に生きるための魔法の言葉

毎年、春になると、学校には新入生が、企業には新入社員が入ってきます。また企業は、配置転換などで新しい人と仕事を始める場合もありますね。

今度は、どんな人が配属されてくるのかな、あるいは、今度配属される部署のメンバーはどんな人たちなんだろう、などと、ちょっと気になる方もおられるかもしれませんね。

そうそう。

あなたの職場には、こんな人いませんか?

上司の前ではゴマをすっているのに、ウラではその上司の悪口を周りに言いふらしてみたり…。上司に対する態度と部下に対する態度がまるっきり違っていたり……。

そんな人と一緒に仕事をすることになると、絶えず不快な波動を受けますし、自分も不快な波動を出さないといけない、という事態に陥ってしまうかもしれません。

でも、そんなときに効く魔法の言葉があるのです。

それは、

「百術は一清に如かず（ひゃくじゅつはいっせいにしかず）」

です！

これは、実は明治維新に多大な影響を与えた吉田松陰が愛した言葉です。

もとは「百術不如一清」と書き、中国の古典にある言葉のようです。

「百の策謀をもってしても、一つの誠心（一清）にはかなわない」という意味です。

松陰は、特に何か一大事業を成し遂げた人ではありませんが、自分の手柄より、ただ、「日本を救いたい」という一途な使命感に燃え、日本を大変革させる革命の士をたくさん育てた教育者であり、思想家です。

その思想の啓蒙にすべてを捧げ、30年という短い生涯を駆け抜けるように生きた人でした。

松陰が生きた幕末の時代、商人は横暴を重ね、幕府の政治は堕落しきっていました。

重税と貧困にあえぐ民衆の騒乱。

そして、黒船来航……。

そんな絶体絶命の危機に陥っていたわが国を救ったのは救国の志士、吉田松陰のひたむきな生き様とそれに影響を受けた逸材たちだったのです。

ちなみに松陰自ら主宰した「松下村塾《しょうかそんじゅく》」が輩出した人物といえば、高杉晋作、伊藤博文、久坂玄瑞《くさかげんずい》、桂小五郎（木戸孝允）等々、「明治維新」を成し遂げたそうそうたる人物ばかりです。

ここで大切なことは、松陰が小手先の手練手管や戦術で、こうした人物を育てたわけではないということです。

日本を救いたい！　そして、日本をあるべき姿に変えたい！

その一点の曇りもない清らかな真心が多くの人々を感動させ、育て、行動を起こさせ、明治維新という近代日本の「夜明け」へと突き動かしたという事実なのです。

これを「引き寄せの法則」に照らして考えてみるとどうなるでしょうか。

「引き寄せの法則」では、その人の思いがそのとおりに現実となって表れてきます。

もちろん、ポジティブな言葉を発したり、自分がそうなりたいと思う現実をイメージしたりすることも大事です。しかし、そうした「引き寄せワーク」を表面的に実行していたとしても、邪悪な思いや身勝手な考え方が根底にあると、結局、悪いものを引き寄せてしまうのです。


これに通じるような思想は、西洋にもありました。

例えば、自己啓発書『「原因」と「結果」の法則』の著者として有名なジェームズ・アレンさんは、こう述べています。

私たちの心が邪悪な思いで満ちているとき
私たちには、いつも痛みがつきまとう
私たちは、自分が望んでいるものではなく、

百術は一清に如かず

ペコペコ

上司にゴマを
する人がいても……

ウラでは人の悪口を
いう人がいても……

う～ん
やっぱり
百術は一清に如かず
なんだね

クビだ！

結局はその人に合った
現実を引き寄せる

自分と同種のものを引き寄せます

このように考えれば、要領のいい、ゴマすりなどまったく気にする必要はありません。そんな人は、結局、それにふさわしい現実（物、事、人、環境、境遇など）を引き寄せてしまうだけのことなのです。

「百術は一清に如かず」です。

手先の権謀術数（人を欺く巧みな策略）よりも、清く正しい思いや誠心を持って事に当たることが、結局はよい引き寄せにつながることを心に銘記しましょう！

泰然と信念に生きるための魔法の言葉

百術は一清に如かず

3-6 日々を充実させるための魔法の言葉

将来の大成功を夢見るなら、まず足元の日々を充実させなければなりません。一日一日の積み重ねが、将来につながっていくからです。

そこで、日々を充実させるための魔法の言葉をご紹介しましょう。

それは、

「ド真剣に生きる」

です！

「ド真剣に生きる」と言うと、皆さんから、「えっ～、なんかキツそう」とか、「堅苦しそう」とか、「面白くなさそう」といった反発の声が返ってきそうですね。

でも、ここで言うド真剣はそういった意味ではなく、最高の自分を出すことを意味する言葉なのです。

ド真剣に生きるとき、人は決して心身に無理をかけるようなことはしません。それが長い目で見て、不健康であり、効率的でないことがわかるからです。

ド真剣に生きるとき、人は栄養のバランスを考え、過食することはなく、十分な睡眠、適度な運動、快便を心がけます。そうしないと、心身ともに爽やかな自分でいられないことがわかるからです。

ド真剣に生きるとき、人は笑顔やユーモアを大切にします。それが周りの空気をよくし、人間関係を円滑にすることがわかるからです。

ド真剣に生きるとき、人は酒、タバコ、ギャンブルなどにおぼれることはありません。それが心身を蝕《むしば》むことがわかるからです。

ド真剣に生きるとき、人はイライラをまき散らしたり、他人を頭ごなしに怒鳴りつけたりしません。それがマイナスの感情や反発を生み出し自他の成長や心の平和のさまたげになることがわかるからです。

ド真剣に生きるとき、人は愚痴や他人の悪口を言ったりはしません。それがマイナスのエネルギーであり、そこに意識を集中すると、よくないことを引き寄せることがわかるからです。

ド真剣に生きるとき、人は他人の幸せを祈り、できるだけ善行を積み、何事にも感謝し、他人や物事の長所に意識を集中します。それが幸せを呼ぶ最高の生き方だとわかるからです。

ド真剣に生きるとき、人は集中力が高まり、ミスが減り、最高の精神状態を得ることができます。

ド真剣に生きるとき、適性に合った仕事を勤勉にやりとげようとする自分でいられることに喜びを感じるものです。

ド真剣に生きるとき、「ご機嫌力」や「爽《さわ》やか力」がついてきます。

経営の神様と謳《うた》われた、パナソニック（旧松下電器）の創業者の松下幸之助さんは、**「失敗したことを恥じるな、真剣でなかったことを恥じよ」**と語り、真剣に人や物事に接することの大切さを説きました。

ド真剣に生きるとき……

決して心身に
無理はかけない

ユーモアを大切に
笑顔を忘れない

酒・たばこ・ギャンブルに
おぼれない

イライラしたり
人の悪口を言ったりしない

人の幸せを祈り
人や物事の長所に意識を
集中する

この「ド真剣に生きる」は、その松下さんの最大の信奉者である京セラの創業者、稲盛和夫さんに引き継がれ、花開き実を結んだ珠玉の言葉でもあるのです。

あなたもこれから、ぜひ、ド真剣に生きてみませんか？

私は、現在、ド真剣指数が少しだけ上昇中です（笑）。

日々を充実させるための魔法の言葉
ド真剣に生きる

3-7 努力継続の意志力をつける魔法の言葉

「**光陰《こういん》矢のごとし**」というように、月日のたつのは本当に速いものですね。

引き寄せの法則を活用して夢の実現や目標達成を目指していても、この時の流れの速さについつい自分を見失いがちになる人も少なくないかもしれませんね。

そこで今回は、夢の実現や目標達成のために努力を継続させる、意志力をつけるための魔法の言葉をご紹介します。

それは、

「**目標がその日その日を支配する**」

です！

これは、ボストン・レッドソックスの松坂大輔投手が座右の銘《めい》としている言葉です。より正確に言うと、横浜高校時代の渡辺元智監督から授かった言葉で、偉大な長期目標があれば、今日一日のなすべきことが自ずと規定され、充実させることにつながるという意味です。

今の松坂投手の成功の原点は、この言葉にあるのかもしれませんね。

実はこの言葉、渡辺監督が座右の書にしている詩人・後藤静香《せいこう》さんの『第一歩』という詩の一節なのです。

以下に、ご紹介しておきましょう。

十里の旅の第一歩
百里の旅の第一歩
同じ一歩でも覚悟がちがう
三笠山に登る第一歩
富士山に登る第一歩
同じ一歩でも覚悟がちがう
どこまで行くつもりか
どこまで登るつもりか
目標がその日その日を支配する

目標がその日その日を支配する

最終目標
今日の目標
よし、今日は
あそこまで頑張るぞ

目標達成に向けて
意識すると、
その日その日に
やるべきことが見えてくる

目標が高ければ高いほど、覚悟が強化され、日々の努力の度合いが深まっていくことがわかりますよね。
あなたの引き寄せたいものは何ですか？

それを明確な目標として心に強く刻んでいますか？

もしいい加減にしか、あるいは漠然としか心に描いていないとしたら、そしてその目標が、あなたの日々の努力としてあるいは、たゆまぬ実践として、具体化されていないとすれば、その目標とすることが現実化することはないでしょう。

引き寄せの法則の第一歩は、引き寄せたい対象や目標を明確化することなのです。

そしてそれが潜在意識レベルまで浸透し、日々の実践となって進んでいくとき、その目標はすでに引き寄せられていると言っても過言ではないのです。

ところで、筆者にも、引き寄せたい夢や目標があります。

書籍の執筆やブログの運営もそれに向けての日々の実践ということになります。

ですから、時々、しばらくブログはお休みしようかな、なんて思うこともないわけではありませんが、目標が私の日々をすっかり支配してしまっているので、うっかり休めなくなってしまいました（苦笑）。

努力継続の意志力をつける魔法の言葉

目標がその日その日を支配する

3-8 三日坊主にならないための魔法の言葉

私がブログを始めて1ヵ月半ぐらいたった頃のことです。

「ついに三日坊主の汚名返上ですな、アハハ！」と、私のブログへの記事のアップが1ヵ月以上続いているのを見た知人から、思いっきり揶揄《やゆ》されました（笑）。

そうなんです。私も実は、「かなり熱しやすく、さめやすい、自他ともに認める三日坊主タイプ」だったのです。

資格の勉強、ダイエット、早起き、などなど……、読者の中にも、せっかく始めたのに全然続かないという人が、結構おられるのではないでしょうか。

そんなあなたに、三日坊主にならないための魔法の言葉をご紹介しましょう！

それは、

「60点主義でいこう！」

です！


これを、ダイエットを例に考えてみましょう。

Aさんは、1週間のうち、1日だけ絶食し、腹筋を100回したとします。

でも、あとの6日は、暴飲暴食で、「食っちゃ寝」の生活だったとしたら、どうでしょうか？

一方、Bさんは、カロリーは2割しか減らさず、腹筋は20回だけ、でも毎日続けたとしたら……。

これを点数で評価してみましょう。
Aさんは、完璧《かんぺき》に頑張った日が1日だけですから、
　1日×100点＝100点
Bさんは、Aさんの頑張った日よりは成果が少なめと考えて60点。
しかし1週間毎日続けますから、
7日×60点＝420点！

なんと、わずか1週間で4倍以上の差がついてしまうのです。

この言葉は、実は、かつて経団連会長を務め、中曽根内閣下で、臨調会（行政改革臨時調査会）の会長としてその辣腕《らつわん》を振るった土光《どこう》敏夫さんの言葉なのです。メザシなど質素な食べ物が好物だったことから、「メザシの土光さん」としても有名になりました。

土光さんは、昭和35年に石川島播磨重工業の社長に就任し、昭和40年には東京芝浦電気（現在の東芝）の社長に迎えられ、業務不振の同社を再建に導きました。

また臨調会では「臨調の土光」として、行政改革を推進していきました。

国鉄が民営化されてＪＲができたのも、日本電電公社が民営化されてＮＴＴができたのも、そして日本専売公社が民営化されて日本たばこ産業（ＪＴ）ができたのも、中曽根元総理の信念を、現実の世界で貫徹させた土光さんの功績と言っても過言ではないでしょう。

当時、国鉄は累積債務37兆円。日本の国家予算（一般会計）の半分近い金額です。そのまま国営が継続し、破綻《はたん》すれば、日本経済は大混乱に陥《おちい》ると危惧《きぐ》されました。

少ない 100 点よりコンスタントに 60 点を目指そう

それを齢《よわい》90歳の土光さんが、文字どおり体を張って回避したのです。

小泉元首相の郵政民営化をみてもわかるように民営化はさまざまな軋轢《あつれき》を生みます。通例、改革には大きな痛みを伴うため、既得権をもつ人々から、嵐のような抵抗を受けたに違いありません。

であれば、100点ばかり狙ってはいられない、たとえ60点でも根気強く続ければ、いずれ1回の100点を大きく上回る成果が得られる…。

土光さんは、厳しいビジネスの世界で、幾多の試練にもまれながら、このことを体得されたのでしょう。

ところで、いまの経済界の重鎮に、京セラ会長の稲盛和夫さんがいます。稲盛さんは、その著書『生き方』の中で「倦《う》まず弛《たゆ》まず」続けることの大切さを説いています。

目標に到達しようとしてもできない、だから自分の力の至らなさを反省し、また明日から、(目標に向って)倦まず弛まず努める。

そういう人こそが成功する、というのです。

もちろん、その都度、ド真剣にベストを尽くすことは大事です。

それでも、必ずパーフェクトな結果が得られるとは限りません。

しかしだからと言って、そこでヤケになってあきらめたのでは、結局、大した成果は上げられないのです。

60点でよいから、続けることこそが、長い目で見ると大きな成果を生むのです。

必ずしも最初から完璧を目指す必要はありません。まさに**「継続は力なり」**なのです。

何かを始めて挫折《ざせつ》した方もこの言葉を胸に再開してみてはいかがでしょうか？

引き寄せ力がぐ～んとアップしますよ！

三日坊主にならないための魔法の言葉

60点主義でいこう！

3-9 成果が出ないときに効く魔法の言葉

「引き寄せの法則」では、その人が意識を集中した現実（物事、人、環境、境遇など）を引き寄せます。

そうは言っても、必死で頑張っているのに、失敗したり、なかなか成果が出なかったりとじれったくなることもあるかもしれませんね。

そこで、成果が出ず、努力することに嫌気がさしているあなたに、とっておきの魔法の言葉をご紹介します。

それは、

「セレンディピティ（努力は何かを育てている！）」

です！

セレンディピティ（serendipity）とは、イギリスの小説家、ホレス・ウォルポールが子どもの頃に読んだ『セレンディップの三人の王子』という童話にちなんだ造語です。何かを探し求めている時に、それとはまったく異なるものを、偶然に手に入れることを指します。

この童話では、登場する王子たちが旅に出て、その道中で、意外な出来事に遭遇します。

彼らの本来探していたものは見つからないのですが、それよりも大切で素晴らしいものを次々に発見するというストーリーです。

このようにもともとが造語ということもあって、日本語への定訳は特にないようですが、強いて訳すなら、「掘り出し物を見つける力」「偶然発見力」とでも、するべきでしょうか。

ちなみに、聖路加《せいろか》国際病院の理事長・名誉院長、日野原重明さんは、「幸福な偶然」と呼んでいます。

ところで、セレンディピティという言葉になじみがなくても、それによって生み出されたものは、結構有名なものが多いので紹介しておきましょう。

例えば、身近なところでは、ポストイット。ちょっとしたことをメモしてペタっと貼るアレですね。

このポストイット、実は、失敗作の接着剤ができてしまったのがきっかけでした。本当は強い接着剤を作ろうとしたのに粘着力の弱いものができてしまい、それを別の用途に使えないかということで生まれたのがポストイットだったのです。

世界初の抗生物質とされるペニシリンも、実験中に偶然混入したアオカビから発見されたものです。

ダイナマイトやX線なども、ちょっとした実験中の偶然がきっかけで世に出ることになったそうです。

ここで大事なことは、これらは単なる偶然だけの産物ではない、ということです。これらの発明や発見をした人たちは、何事かを成したいと、目標に向って懸命に努力しているからこそ、偶然に素晴らしいものを発見できた（セレンディピティが発揮された）のです。

そう言えば、「菜根譚《さいこんたん》」という中国の古典にこのような言葉があります。

「善を為《な》すもその益を見ざるは、草裡《そうり》の東瓜《とうか》のごとし」

これは、善行（努力）をしてもその報い（成果）が表れないのは、草むらに隠れた瓜のようなもの、という意味です。

つまり、いかに努力していても、その時は成果が見えないこともあるけど、実は、その善行（努力）の度合いに応じて、陰で成果はすくすくと成長しているものだということですね。

陰で成果はすくすくと成長している

努力しているのに
なかなか成果が出ないなあ

一見、なかなか成果が出てこないように見えても……

実は陰で成果は
育っているもの

あきらめずに
反省と改善を繰り返し、
ド真剣に努力を続けよう

たとえ今、成果が出ていないように見えても、あきらめずに反省と改善を繰り返しながら、ド真剣に続けることが大事です。

するといつかどこかで、ひょっこりとセレンディピティの果実がたわわに実っていることに気がつくことでしょう。

ですから、倦《う》まず弛《たゆ》まず、顔晴（がんば）りましょうね（笑）。

成果が出ないときに効く魔法の言葉

セレンディピティ（努力は何かを育てている！）

第4章

落ち込みそうなときに効く言葉

4-1 なえそうな気持ちに克《か》つ魔法の言葉

朝、新しい服を着て出かけようとしたのに、あいにくの雨。

張り切って出社したのに、朝イチで苦手な仕事を指示された……。

どちらも、気持ちがなえそうになりますね。

そこで、そんなときに効く魔法の言葉をご紹介しましょう。

それは、

「よけい、やる気（元気）が出るな！」

です！

これは外部環境が気持ちをなえさせるような状況のときにとても効果があります。

よけい、やる気（元気）が出るな！

例えば、朝から雨が降っていて、うっとうしいとき――。

そんなときは、こう言いましょう。

「朝から雨が降っているな……、よけいにやる気（元気）が出るな！」

不思議ですが、本当に少しだけ、やる気（元気）が出てきますよ！

「朝から雨が降っているな……、気がめいるな」というより、はるかに心がポジティブになってくるものです。

言霊《ことだま》の威力は絶大です！

心がポジティブになれば、よい引き寄せ力がアップするものです。

ぜひ、お試しください！

なえそうな気持ちに克つ魔法の言葉

よけい、やる気（＝元気）が出るな！

4-2 局面打開を図るための魔法の言葉

人生、努力を続けていても、なぜかうまくいかないときがあります。

いくら一生懸命やっていても、成果がでないこともないとは言えません。

しかし、成果がすぐに表れないからといって自暴自棄《じぼうじき》になっていたら、結局、成功や願望の実現は夢のまた夢ということになってしまいます。

そんな前向きに頑張っていてもうまくいかないときに使える「魔法の言葉」があります。

それは、

「さあ、切り替えて！」

です！

この言葉を使って実際に効果を上げている人物がいます。

かつての精彩を失った全日本女子バレーボールチームを、見事再生した柳本晶一監督です。

柳本監督が試合で選手をしかっているのを、あまり見たことがありません。

選手がミスをして落ち込んでいると、

「OK、OK！　さあ、切り替えて、切り替えて！　ここからだぞ！」

と励まします。

この**「さあ、切り替えて！」**という言葉には、選手の過ぎたミスを責めるよりも、頑張って挑戦する気持ちを高め、これからの試合に集中させようとする意図が感じられます。

監督の哲学は、「人生、負け勝ち」。

勝っておごらず、しかし負けても腐らず、次の勝ちを狙いにいく。

人生にも絶えずこうした切り替えが必要なのです。

頑張っても成果が出ない人を見かけたら……

さあ、
切り替えて！
一生懸命
頑張ったけど
企画、不採用
だった……

自分に言ってあげることも大切

失敗……
さあ、
切り替えて！

人生、よいことがあれば、悪いと思えることもあります。

そんなときにどううまく切り替えられるかで、その後の人生に大きな差が生まれるのです。

この「さあ、切り替えて」は、職場の仲間が何かで落ち込んでいるとき、友達が何かで挫折したときなどにタイミングを見て、言ってあげると絶大なる力を発揮してくれますよ（もちろん、自分自身にも言ってあげてくださいね）。

周りが上向いてくれば、それがあなたの引き寄せ力のアップにもつながることをお忘れなく！

局面打開を図るための魔法の言葉

さあ、切り替えて！

4-3 辛《つら》いときに効く魔法の言葉

私は仕事柄、学生や卒業生などから、よく相談を受けます。

何十社も会社を受けたのに、内定が出ない。
勤務先で、ツライ仕事を任されてしまった。
会社で仲間はずれにされてしまった。
莫大《ばくだい》な借金を抱えてしまった。
大好きな恋人に、突然フラれてしまった。

いろんな悩みをもった人が飛び込んできます。もしかすると、この本を読んでいる人の中にもそんな悩みを抱えている人がいらっしゃるかもしれませんね。

悩みを抱えているときって、「こんな暗たんたる状態がいつまで続くのだろう」と、将来を悲観し、生きていくのも耐えられなく感じることもないとは言えませんね。

でも大丈夫！

そんなときに、自分を励ます、とっておきの魔法の言葉があるのです。

それは、

「Just For Today（今日だけは）」

です！

どんな苦労も「今日一日」だけなら耐えられるでしょう。
苦労するのは、「今日一日」だけで十分です。
だからもう明日のことまで、思い煩うのはやめましょう。
明日は、明日の自分が対処するでしょう。
そうして耐えた「今日一日」が明日への希望の光を生むのです。

耐え切れないほどつらいときは、

「Just For today!」

と唱え、今に最善を尽くしましょう！

「経営の神様」と呼ばれるパナソニック（旧松下電器）の創業者松下幸之助さんは、今日一日を精いっぱい生きる大切さをこう述べています。

「どれほど心配したところで、どうなるものでもない。私たちにできることは、いま現在に最善を尽くすこと。今日一日に最善を尽くせば、過去は今日のためのよき教師となり、未来は今日を生きるための希望となって行く道を照らしてくれる」（『日々のことば　松下幸之助「青春」』ＰＨＰ研究所）。

また、『道は開ける』などの自己啓発書で有名なデール・カーネギーさんは、心のもち方を前向きにし、人生を充実させる方法として「ＪＵＳＴ　ＦＯＲ　ＴＯＤＡＹ（今日だけは）」というリスト作りを紹介しています。

Just For Today

まずは今日一日のことを考えよう
今日の苦労は今日一日だけ
明日のことは、明日の自分が
対処するだろう

今回は、それに基づいて、著者（宮﨑哲也）自身のオリジナル「今日だけは」のリストをあなただけに特別公開しますね（笑）。

よかったら、参考にしてください。

JUST FOR TODAY（今日だけは）

1 今日だけは、幸せでいよう！
2 今日だけは、人の幸せを祈ろう！
3 今日だけは、自ら明るく挨拶し、笑顔いっぱいで過ごそう！
4 今日だけは、悪口や愚痴は言わず、感謝の言葉を連発しよう！
5 今日だけは、身の回りをきれいにしておこう！
6 今日だけは、足るを知り、倹約に努めよう！
7 今日だけは、自分や周りの人の心身に気を遣おう！
8 今日だけは、人にさりげなく親切にしよう！
9 今日だけは、自分に打ち克つための最低二つの行動をとろう！
10 今日だけは、心配や恐れることをやめよう！

いかがですか？

ぜひ、あなたもご自分でオリジナルのリストを作り、目立つところに貼ってトライしてみてください。

辛いときに効く魔法の言葉

Just For Today（今日だけは）

4-4 前向きに受け止めるための魔法の言葉

人間、生きているといろんなことがあります。

時には、「嫌だなぁ。なんで自分だけ！」なんて思うような出来事に遭遇することもないとは言えませんね。

そんなときに、すべてを前向きに受け止めるための魔法の言葉があるのです！

それは、

「この世に起きることは、すべて必然・必要・ベストである」

です！

「引き寄せの法則」では、心の状態に応じた現実（物や事、環境など）を引き寄せると考えます。私たちは、日頃の「思い」によって、常に、さまざまな現実を引き寄せているわけです。

よい思いはよい現実を引き寄せ、そして、悪い思いは悪い現実を引き寄せるという具合に。しかし万一、悪い現実と思えるような物事を引き寄せたとしても、落ち込んだり、「どうせ自分なんか」とヤケになったりしてはいけません。

その現実を「必然・必要・ベスト」と前向きに受け止めるべきなのです。

それに、悪い結果というのは、本質的に「悪」かと言えば、必ずしもそうではありません。悪い結果に遭遇することで、自分に対する反省が生まれ、問題点に気づき、そして魂の成長がうながされるからです。

悪いと思える出来事も、自然の法則の一種である「引き寄せの法則」ですから、「必然」です。しかしそれは、その原因となった「思い」の誤りにあなたが気づき、あなたの成長をうながす教訓的な現象と考えれば、「必要」なことだとわかりますね。

この世に起きることは、必然・必要・ベスト

恋人にフラれて
悲しかった
けど……

でも、そのおかげで……

もっと自分に
合った人と
結婚できた！

どんなことも必然・必要・
ベストと考えよう！

そして、その出来事は、よいことでも悪いことでも、それまでのあなたの「思い」のレベルとぴったり合っているという点で、「ベスト」と考えられるわけです。

だから、悪い結果が起きたときこそ、前向きに受け止め感謝の心をもつべきなのです。「引き寄せの法則」の基本は、物事のよい面に光を当て、そこに意識を集中する、ということです。どんなことでも、「必然・必要・ベスト」と捉え、前向きに生きていきましょう！

前向きに受け止めるための魔法の言葉

この世に起きることは、すべて必然・必要・ベストである

4-5 誤った思いを打ち消す魔法の言葉

最近筆者は、「あー、今日は疲れた……」とつい言いそうになり、あわてて「頑張ったな！」とポジ語に言い換えています（笑）。

「引き寄せの法則」では、心の中を支配している思いがさまざまな現実を引き寄せる、ということは、これまでに何度もお話ししましたね。

だから、ネガティブな思いをもったり、ネガ語（ネガティブな言葉）を使ってはいけないわけです。

でも、一生懸命気をつけていても、日々の生活を送っていると、ついうっかり、「疲れたな」とか「あ～、ダメだ」とか「不安～！」など、ネガ語が口を突いて出ることがありますよね。

そんなときに、とっておきの魔法の言葉があるのです。

それは、

「キャンセル、キャンセル！」

です！

この「キャンセル・キャンセル」という言葉、実は、工学博士である五日市剛《いつかいちつよし》さんの言葉です。五日市さんはベストセラー『ツキを呼ぶ魔法の言葉』の著者としても有名です。

五日市さんは、マサチューセッツ工科大学を出て、工学博士号を取られた、れっきとした科学者ですが、思いや発する言葉が現実を引き寄せるということを公然と主張されています。

それは、こういう理由からです。

ネガティブな言葉が口から発せられるとその言葉が独り歩きして、さまざまな現実を引き寄せにかかるので、とても厄介なことになります。

ですから、まずは、その元になっているネガティブな思いをキャンセルする必要がある、というわけです。

しかも、この「キャンセル、キャンセル」には言い方があるそうです。

右手の手首をくるくるっと回して「あっち行け」みたいな感じで、

「キャンセル、キャンセル！」

とやらなければ効果が薄いそうです。

わかりましたか？

右手の返しがポイントですよ（笑）。

はい、ごいっしょに！

「キャンセル、キャンセル、キャンセル！」

はい、なかなかいい感じですよ！

これで、ネガ語の元になるあなたのネガティブな思いは、無事キャンセルされました（笑）。

そう言えば、よく小さい子どもが、どこかに体をぶつけたりして、母親に泣きつくと「痛いの痛いの飛んでいけ～！」って言いながら、子どもがぶつけたヒジやヒザなどに手を当てて、痛みを追い払うしぐさをしますよね。

このオマジナイのしぐさで、子どもの「痛い」という思いを取り払ってあげているわけです。

すると子どもは、少しぶつけたくらいなら、その母親のしぐさで、なぜか泣きやんでしまいます。内心、まだちょっと痛いなぁとは思いつつも……ですが（笑）。

これは、医学的にも、**「プラセボ（偽薬）効果」**として広く知られている事実です。「痛い」という「思い」を取り払うことで、「打ち身の痛さ」という「現実」を多少改善する効果が、見込めるのです。

「キャンセル、キャンセル」は、ふと湧いてしまったネガティブな思いをキャンセルしてくれる、とても便利な言葉です。「キャンセル、キャンセル」で、ネガ語の元になっているネガティブな思いはキャンセルすることが可能だからです。

ただし、ネガ語自体は、口から出てしまっているので、それ自体をキャンセルすることはできません。だから、やっぱりネガ語は極力使わないように心がけなければいけないわけですね。

しかし失敗、いえ、改善が必要なことをしてしまったときには、まずフォローが大事ですから、そういう意味で、この「キャンセル、キャンセル」は、一定の効果を示してくれることでしょう。

キャンセル、キャンセル！

あー、今日は
ホントにムカついた
あ、いけない！
ネガ語を
使ってしまった
ネガティブ
キャンセル、
キャンセル！
これでネガティブな思いは
キャンセル！

そして、ネガ語を発してしまった後、それに代わるポジ語を発しておくと、さらにネガティブな思いを緩和する効果が期待できるでしょう。

例えば「イライラするなぁ」と言ってしまったら「キャンセル、キャンヤル」とネガティブな思いをいったんキャンセルして、「ワクワクするなぁ」と言う、など。

ぜひ、お試しください！

そして最後に、魔法の言葉の説明をするためとはいえ、いくつかネガ語を使ってしまいましたね。

それらは、全部いっきに**「キャンセル、キャンセル、キャンセル！」**です！（笑）。

誤った思いを打ち消す魔法の言葉

キャンセル、キャンセル、キャンセル！

4-6 わだかまりを浄化するための魔法の言葉

人間、生きていると、人を恨みたくなることってありますよね。


「あいつ、よくもオレにこんなに迷惑かけやがって！」

「私の人生を、めちゃくちゃにして！　絶対、許せない！」

という具合に……。


でも、そんな恨みの感情を後生《ごしょう》大事に持ち続けて、何かいいことがありますか？　むしろ、大きな荷物をしょっているような苦しみが続いているのではないでしょうか。

実は、そんなときに、とっておきの魔法の言葉があるのです。

それは、

「もう、許しちゃいました！」

です。

もちろん、あなたが「アイツを許せない！」と思う気持ち、よ〜くわかります。私にもそんな時期がありましたから（笑）。

しかし「許せない」という気持ちは、完全にマイナスの思いです。

引き寄せの法則では、人は、その思いやイメージと同等のものを引き寄せるとされています。

つまり、あなたがマイナスの思いやイメージを持ち続けていると、さらにまた、「許せない」ような現実を引き寄せてしまうのです！

もちろん、あなたの「許せない！」という思いによって、相手に仕返しができるかもしれません。

しかし、潜在意識には主語がありませんから、あなたが相手を恨めば、それと同じことがあなたにも起きるという危険をはらんでいるのです。

２―７でも述べましたが、「人を呪《のろ》わば、穴二つ」というように、相手を許せないという気持ちが、あなた自身にも降りかかってくるというわけです。

例えば、腹立たしい気持ちを持ち続けていると、血圧を上昇させ、不眠症になることもあります。食欲が奪われ、健康を維持するのに充分な栄養が取れなくなることもあるでしょう。さらには、憎しみでいつも眉間《みけん》にしわを寄せた表情がクセになり、しわが増え、表情も硬くなって、顔の表情が×になって、あなたの運命も×になってしまうのです。

それは、決して賢い選択とは言えないし、非常にバカらしいことだと思いませんか?

では、どうすればよいでしょうか?

相手を早々に許し、自分の心も恨みという悪魔から解放してあげること。

そうすれば、あなたも恨みから解放されます。

いろいろな思いはあるでしょうが、すべて断ち切り、思い切って「もう許す!」と決めるのです。そして一切、相手のことを気にしないようにするのです。

これを、実践した人物がいます。

故ローマ法王、ヨハネ・パウロ2世*です。

ヨハネ法王は、1981年5月にバチカンのサンピエトロ広場でトルコ人の男に狙撃され、重傷を負いました。

* ヨハネ・パウロ2世(1920〜2005):264代の法王。イタリア人以外では456年ぶり、スラブ系では初の法王。分裂したキリスト教会の和解や異宗教との交流に注力した。

にもかかわらず、法王は、４日後に病床《びょうしょう》で「犯人（の罪）を許す」との声明を発表したのです。

相手のせいで自分が瀕死《ひんし》の重傷を負ったのに、その相手を許すなど、普通では考えられません。しかし法王はキリストの「七たびを七十倍するまで相手を許しなさい」という教えを、身をもって実践したのです。

不思議なもので、確実に敵を許し忘れてしまうことを身につければ、どんなに侮辱され非難を受けても、それが取るに足らないものに見えて、問題視しなくなります。

そうなればマイナスの思いから解放されます。そして結局、あなた自身がよい運命を引き寄せられるようになるのです。

わだかまりを浄化するための魔法の言葉

もう、許しちゃいました！

4-7 困難に直面したときに効く魔法の言葉

人は悩みを抱えてしまったときや、次々によくないことが自分の身に降りかかってきたときには、絶望の淵に立たされているような気分になることもありますよね。

イジメにあっている。
大病をしてしまった。
結婚を考えていた相手に突然別れを告げられた。
莫大《ばくだい》な借金を抱えてしまった。
最愛の家族を失ってしまった。

そんなときは、どんなに心を平静に保ちたくても、苦しみや悲しみが心を支配してしまいます。
どんなにプラス思考をしようとしても、どんなにポジティブな言葉を言ってみようとしてもそんな気にはなれないでしょう。いえ、そういうことをしてみようという考えすら浮かばないかもしれません。

「もうダメだ……」
「このまま生きている意味があるのかな……」

そんな思いが頭の中をグルグルと回っていることでしょう。
でも、そんなときにこそ、ぜひ思い出してほしいとっておきの魔法の言葉があるのです。
それは、

「朝の来ない夜はない！」

です！

「朝の来ない夜はない！」は、天地自然の理《ことわり》を端的に表した言葉のひとつです。
夜の静寂で深い暗闇にいるだけで、なんともいえない深い不安に襲われることがあります。

しかし、いかに夜が暗くとも、必ず朝は訪れます。

これは、天地自然の絶対の法則です。

大災害が起きた土地も、戦争で爆撃された土地も一定の時間がたてば、必ず朝が来ますからね。

仮にあなたに、「とても解決できない」と思えるような困難が降りかかったとします。しかしその困難が永遠に続くことはありません。

もちろん解決方法はそれぞれで違うでしょうが、朝の来ない夜はないように、解決できない問題もないのです。そして、特に深い悲しみや苦しみを感じている人に知ってほしいのは、「夜明け前が、一番暗い」ということです。

信じがたいかもしれませんが、今がどん底だと思える悲惨な状況だとすれば、実は、解決の方向に向かっているのです。

例えば、経済もそうです。好景気が訪れる前には必ず「景気の底」を経験します。ちなみに景気の先行指標である株価などは、この「景気の底」のときから上昇し始めるのですよ。

朝の来ない夜はない！

どんなに夜が暗くても

必ず朝は来る
（これは天地自然の理）

同様に、どんなに苦しい悩みも

必ず解決する！

だから、最悪の状況が訪れたと思うときには、「そうか。わたしの悩みはいよいよ解決に向かっていくんだ」と思ってください。

「引き寄せの法則」では、その人の思いやイメージした物や事が現実として引き寄せられます。


「いま、わたしの悩みは解決に向かっている」

「状況が少しずつ改善している」

そう強く思うことで、きっと「よい状況」が引き寄せられることでしょう。

実は、今回ご紹介する魔法の言葉の選定は、少し迷いました。

最初は、「出口のないトンネルはない」もいいかなぁって思っていたのですが……。


国土交通省の発表によれば、平成16年度から18年度までの間に着工したトンネル177ヵ所所のうち、トンネル用地の取得が完了していないところが、なんと69ヵ所もあるそうです！

というわけで、「出口のないトンネル」が全国にいっぱいあることが判明し、断念しました。

格言泣かせの時代になったものですね（笑）。

それはともかく、いま大きな悩みを抱えている人がいたらぜひ、「朝の来ない夜はない」という言葉を思い出し、気持ちを強く持って、日々なすべきことをきちんとこなしていってください。

そのうち、間違いなく少しずつ事態が好転し、やがて朝の希望の光が差し込むかのように、悩みも解消へと向かっていくことでしょう。

困難に直面したときに効く魔法の言葉

朝の来ない夜はない！

4-8 苦難、災難を克服するための魔法の言葉

私の経験から言うと、引き寄せのワークをやっていると、不思議と毎日が楽しくなり、うれしいことが多く起こるようになるものです。ただ、一生懸命にやっているつもりでも、苦難や災難に遭遇することが絶対ないとは言いきれません。

それはこれまでいろんな業《ごう》を積んできているからです。

すると、私たち凡人は、

「やっぱり何をやってもダメじゃん」と言って、落ち込んでしまうことが多いのではないでしょうか。

ここでは、そんなときにとっておきの魔法の言葉をご紹介しましょう。

それは、

「これは、消えていく姿だ！」

です！

消えていく姿とは、業が消えていく様子を表しています。

この言葉は、前に何度か登場した稲盛和夫（京セラ会長）さんが災難にあったときに、ある高僧から言われた言葉でもあります。

稲盛さんのエピソードをお話しする前に、少しこの「業」について説明しておきましょう。

ここでいう「業」とは、「宿業《しゅくごう》」あるいは「カルマ」とも言います。

カルマは因果応報《いんがおうほう》という形で表れてきます。

因果応報などというと少し怖い感じがするかもしれませんが、要するに、物事には原因と結果があるということです。また、自分がまいた種は自分が刈り取ることでしか解決できないということでもあります。

これは「カルマの法則」と呼ばれています。

例えば、皆さんが上司や同僚の陰口を長い間言い続けたとします。

すると、次第に信頼を失っていきますよね。それが続くと、なぜか仕事をはずされたり、昇進できなくなったりします。

それを断ち切るには、自分がまいた種、つまり、自分が上司や同僚の陰口を言うという態度を改めるしかないというわけですね。

さて、話を元に戻しましょう。

もし、何か災難にあったら

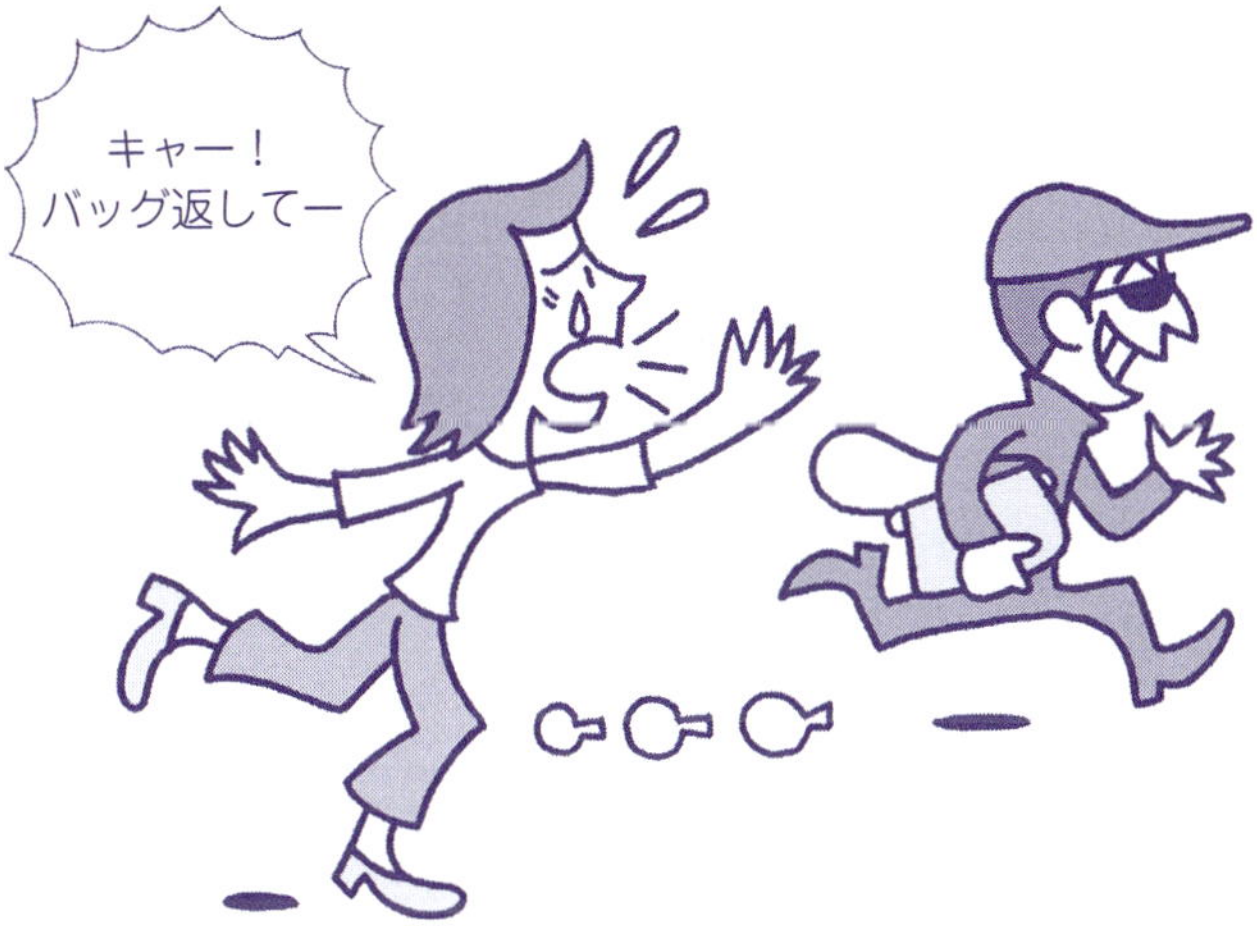
キャー！
バッグ返してー

「消えてゆく姿」を思おう

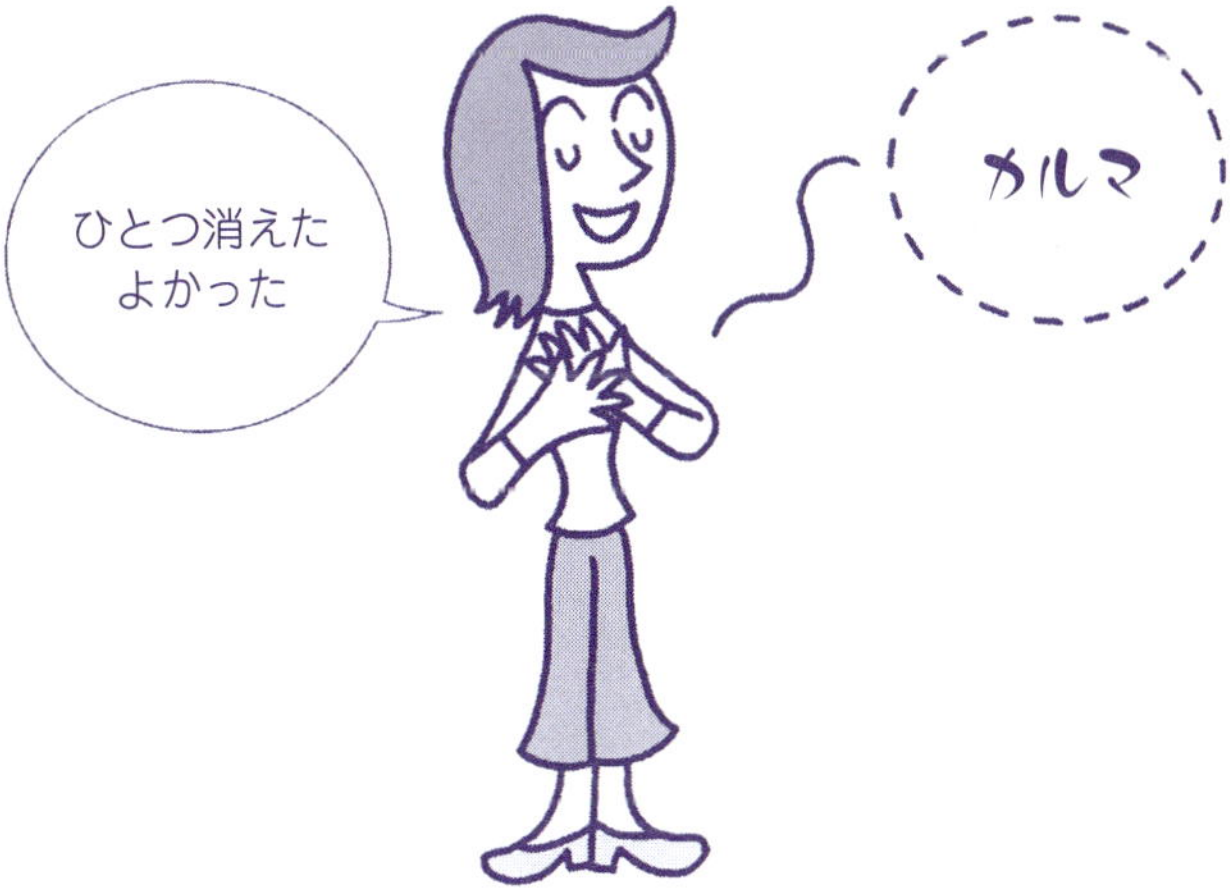
ひとつ消えた
よかった
カルマ

今から20年以上も前のことですが、京セラが国の許認可を得ずに人工膝関節《しつかんせつ》を製造・販売していたとして、マスメディアから集中砲火を浴びた時期がありました。

もともと多くの医師や患者からの強い要請を受けて製造・販売していたもので、決して悪意があったわけでも、製品自体に問題があったわけでもなかったので、京セラ側にも不本意な思いがあったそうです。

しかし、厳密に言うと、ルール違反になるので、大変なバッシングが続いたのです。当然、稲盛さんも大変な心労に耐えない日々が続きました。

そんなある日、すっかり意気消沈した稲盛さんは、高僧を訪ねて相談することにしました。

慰めてくれるのかなと思いながら、心情を吐露《とろ》すると、その高僧は意外にもこう諭したそうです。

「生きていれば苦労は必ずあるものです。しかし、災難にあったからと落ち込むのではなく、喜ばなくてはならんのです。なぜなら、災難によって、魂についていた業が消えていくのですから」

「それぐらいの災難で業が消えていくのですから、稲盛さん、落ち込むのではなく、むしろ赤飯でも炊いて、お祝いをしなくてはいけませんな。ハハハ！」

この高僧の言葉で、稲盛さんは随分救われたそうです。

いかなる慰めの言葉にも勝る、仏法の真髄を示す言葉だったからです。

実は、世界平和運動を提唱した五井昌久さんも同じようなことを述べています。

「辛《つら》いことや災難が起こったら、それは『消えてゆく姿』と思いなさい」と。

「怪我をして消えていき、
厳しく叱責されて消えていき、
大金を失って消えていき……」

皆さん、少々の災難や苦難に遭遇しても落ち込んではいけませんよ！

「むしろこれで、私の業が消えていっているんだ。ありがたいな」と感謝しましょう。

ここで落ち込まずに感謝できるようになると、あなたは「引き寄せ力」を一気にパワーアップできます。

実は私にも、昔、ここでは言えないような筆舌《ひつぜつ》に尽くしがたい苦難がありました。そのことについては、正直なところ、いまだに感謝するまでは至っていませんが、私の魂の成長のために必要なことだったのだと自分に言い聞かせ、前向きに生きることだけは、できるようになりました。

そして、私に「引き寄せの法則」について世に問いたい、という強い衝動が生まれたのも、その苦難の影響が根底にあるからに他なりません。

その苦難は、もしかしたら、引き寄せの法則のメッセンジャーになるための試練だったのかもしれないですね。

苦難、災難を克服するための魔法の言葉

これは、消えていく姿だ！

4-9 心の重荷を降ろすための魔法の言葉

先にお話ししたように、人は「ド真剣」に生きるのがベストな生き方です。

しかし、それでも漠然とした不安が残ることがあるかもしれませんね。

そんなときに役に立つ、とっておきの魔法の言葉をご紹介しましょう。

それは、

「ケセラセラ」

です！


この「ケセラセラ」、実はある映画の主題歌で、アカデミー歌曲賞を受賞した名曲のタイトルでもあります。簡単に言えば、「なるようになる」という意味で、英語ではwhatever will be, will be というそうです。

この歌にはこんな歌詞が出てきます。

Que sera sera（ケセラセラ）
Whatever will be, will be.（なるようになる）
The future's not ours to see.（先のことなど、誰にも、わからないわ）

つまり、わからない未来を気にしてもしかたない。

「わからない未来を思い悩んだってなんになるの？」という意味だと思います。

そうです。やるべきことをきちんとやっていれば、必要以上の心配は不要。というより、無駄です。

だから、「ケセラセラ（なるようになる）」です！


「引き寄せの法則」では、潜在意識のメカニズムを通じて、善悪の判断や本人が望んでいるかどうかとは関係なく、その人が意識を集中させた物事や環境、境遇などを引き寄せます。

ということは、「心配」や「悩み」など、ネガティブな思いを抱いていると、たとえ本人が願っていなくても、それらを引き寄せてしまうことになるわけです。ですから、心配したために心配したことが起きる。そんな皮肉な結果を生んでしまう危険性があるのです。

例えば「大好きなあの人にフラれたらどうしよう」と心配すると、潜在意識は「フラれる」という現実を引き寄せてしまうわけです。もちろん、潜在意識が現実に転化するまでには、多少の時間差がありますので、一度心配したからといってすぐにそうなるわけではありません。

しかし、心配や不安の度合いが非常に強い場合、繰り返し心配する場合には、現実化する度合いが高くなってしまいます。もちろん、そんな結果を引き寄せたい人はいませんよね。だったら、「ケセラセラ」精神で、心配しないことです!

「人事を尽くして天命を待つ」という言葉があります。

一生懸命、試験勉強をしたのなら、「あれだけ勉強したのだから、きっとうまくいく」と思っていればいいのです。

全力で、精いっぱい仕事に取り組んだなら、「できる限りのことはやった。あとは天に任せる」と、悠然と構えているほうがいいのです。

あとは、あなたにベストの結果が訪れるだけです。

そう言えば、昔、こんな歌がありました。

ゼニのないヤツぁ　俺んとこへ来い
俺もないけど　心配すんな
見ろよ、青い空、白い雲
そのうち何とか、な～るだ～ろ～～う♪

『だまって俺について来い』（青島幸男　作詞）

この歌は、いまから40年以上も前に、「無責任男」として売り出した植木等さんが歌って一世を風靡《ふうび》しました。
この歌が発売されたのは、１９６４年の東京オリンピックの直後で、高度成長期とはいえ、まだまだ白黒テレビが普及したばかりの貧乏な時代でしたので、このおおらかな歌詞に、多くの人が救われた気分になったそうです。

とにかく、「ケセラセラ（なるようになる）」。
それくらいのおおらかな気持ちでいると、案外「なんとかなる」ものなのです。
いつまでも重荷を背負っている必要はないのです！
今抱えているその不安という重荷、思い切って降ろしてみてはいかがでしょうか。

心配は心配したものを引き寄せてしまう

フラれたら
どうしよう
失敗したら
どうしよう
うまくいかなかったら
どうしよう

一生懸命頑張ったら、あとは心配しないこと

何ごとも
ケセラセラ

これまでもなんとかなってきましたよね。だから、これからもきっとなんとかなります！

こうした根拠のない自信が幸せを運ぶのです（笑）。

今、将来に漠然と不安を抱えている方は、ぜひ、今この瞬間、瞬間をド真剣に生き、あとはケセラセラの精神で、明るく前向きな気持ちでいましょう。

「ケセラセラ」には、ポジティブな引き寄せパワーがあるのですから。

きっと、あなたにもっともふさわしいよい結果が待っていますよ！

心の重荷を降ろすための魔法の言葉

ケセラセラ

第5章

人間関係を円滑にして成功するための言葉

5-1 他人の協力を得るための魔法の言葉

願望の実現や目標の達成のためには、多くの場合、大なり小なり他人の協力が必要ですね。そこで、ここでは他人の協力を得るための魔法の言葉について、お話ししましょう！

何ごとも、一人の力では、大きな事業を成し遂げることはできません。パナソニック（旧松下電器）の創業者の松下幸之助さんも、ホンダの創業者の本田宗一郎さんも、京セラの創業者の稲盛和夫さんも、一代で大企業を築き上げた人物は、みんな、周囲の協力を得ることにおいてはまさに「天才」だったのです。

周囲の協力を得るためのスタンスとして重要なのは、**「私心なく自己犠牲ができる」**ことと、**「感謝の念をいつも表す」**ことの二つです。

私心なく自己犠牲ができる人は、「あぁ、この人は自分のエゴのためではなく、みんなのために頑張っているんだなぁ」と認識されますから、周囲の協力が集まりやすいのです。

それに、感謝の念をいつも表してくれる人には、また頑張って協力してあげたくなりますよね。

ところで、周囲の協力を得るための「魔法の言葉」をご存じでしょうか？

ちょっと考えてみてください。

それは、

「おかげで」

です！

ウソでも、冗談でもありません。これから、何か多少なりとも頑張ってくれた人には、すかさず、

「あなたのおかげで……ができました。本当にありがとう」

と心を込めて言ってみましょう。

おかげで

あなたのおかげで
このプロジェクトは
成功しました
ありがとうございます
次も一生懸命
頑張ります！
FILE

「おかげで」の言葉の
効果は絶大！

不思議なことに、この言葉を言われると、人間はまた頑張って協力してあげたくなるのです。私も、この言葉を聞いて、なぜかうれしくなって、気がついたら人のために、せっせと頑張（顔晴）っている自分に気づいたという経験が何度もあります（笑）。

これから、目標達成のためには、「おかげで」という言葉を協力してくれている人に心を込めて投げかけるようにしましょう。

できれば、口癖にしてください。

その効果は絶大ですよ！

おかげで

他人の協力を得るための魔法の言葉

5-2 人間関係をよくするための魔法の言葉

よい引き寄せにとって、もっともマイナスなことは、なんだと思いますか？

それは、

「他人の悪口（陰口）を言うこと」

です！

ウソだと思ったら、今日から毎日1ヵ月間、人の悪口（陰口）をいっぱい言って回ってください。

きっと、数ヵ月も過ぎれば、よくないことが起きますから（笑）。

「逆も真なり」で、人のことを陰でホメていると、よいことを引き寄せることにつながります。

そこで、人間関係をよくするための魔法の言葉をご紹介しましょう。

それは、

「～さんって、○○○なところが素晴らしい（スゴイ）ですよね！」

です。

このような言葉を陰で、チャンスとみたら、さりげなく、すかさず、たくさん言って回ってください。

ホメる内容は、特に大げさなことでなくてよいのです。例えば、

「A子さんって、いつもよく気がついておいしいお茶を出してくれるところが素晴しいですよね！」

「B子さんって、いつも笑顔を絶やさないところが素晴しいですよね！」

コツは、さりげなく、すかさず、言うということです。

そうすれば、A子さんはますますおいしいお茶をタイミングよく出してくれるようになります。

～さんって、○○○なところがスゴイ

A子さん
いつもお茶を出してくれてありがたいな
A子さんっていつも率先してお茶を出してくれるのがスゴイですよね
そうか～A子さんは気配りできる人なんだね

「～さんって○○○なところがスゴイ」
陰でさりげなく言ってみよう

B子さんは、ますます笑顔が素敵になってきます（笑）。

引き寄せの法則の基本は、人や物事のよい点に波長を合わせると、その波長を合わせたものが現実に引き寄せられるということです。さあ、今日から、あなたも周りの人のいいところをどんどん見つけて、それを陰でいっぱいホメるようにしましょう！

きっと、よいことがありますよ！

もちろん、本人に面と向かってホメるのも有効です。でもその際、言い方には、注意しましょう。

「おべんちゃら」とか「お調子者」と思われる危険性もありますからね。

人間関係をよくするための魔法の言葉

～さんって、○○○なところが素晴らしい（スゴイ）ですよね！

5-3 ホメられ上手になるための魔法の言葉

この項では、ホメられたときの上手な対応についてお話しします。

引き寄せ力を低下させる要因のひとつに**「優越感充足欲求」**、つまり優越感を満たしたいという欲求があります。この欲求は、本人が意識するしないにかかわらず、人間の持つ強い欲求の一つだと言えそうです。

他人の悪口を言うのも、ブランドを買いあさるのも、質問と称して長々と持論を展開するのも、子どものお受験合格を自慢するのも、その陰にはこの優越感充足欲求が潜んでいます。

優越感充足欲求は、ホメられたいという欲求とか、自分の行動を認めてもらいたいという承認欲求として現れることもあります。

しかし、引き寄せの法則には、「優越感充足欲求を持ってはいけない」というタブー（禁忌《きんき》）があります。

優越感を満たそうとすると、人は悪口を言いたくなります。悪口は、相手を見下げて自分を相対的に優越的な存在に見せる行為でもあります。悪口ほど、人間の運気を下げ、よい引き寄せ力を低下させるものはありません。

また、優越感を満たそうとすると、それが満たせないときにイライラや怒りが生まれます。

イライラや怒りは、破壊のエネルギーなので、引き寄せ力を低下させます。

そして、優越感を満たそうとすると、つい自慢の心が生まれます。

自慢の心は他人の妬《ねた》みや軽蔑を誘い、あるいは隙《すき》をつくり、運気を下げてしまいます。

優越感を満たそうとすると、見えを張りたくなります。

そうすると、ウソをついたり、無駄遣いをして、人望や金運も下げてしまいます。

優越感を満たそうとすると、エゴが増大し、利他の心が失われていきます。これでは衆智を集めることも、他人の協力を得ることも難しくなります。

優越感充足欲求というのは、よく考えると、いろんなところでひょっこりと顔を出すものだから要注意ですよ。

私も、講演会のあとで質問コーナーをもうけると、自分の知識をひけらかすためだけに質問をする人に時々遭遇します。知識をひけらかすために、前置きが異常に長く、質問それ自体は驚くほど短いというパターンです。

ふうむ……恐るべし、優越感充足欲求。

私自身も含めて、本当に気をつけないといけませんね。

いずれにせよ、この欲求を強く持ちすぎるのは、それが充足できないときに、イライラしたり、怒りがわいてきたりするので、心の状態に応じた現実（物、事、人、環境、境遇など）を引き寄せるという、引き寄せの法則においてはマイナスとされているわけです。

また、たとえあなたの優越感充足欲求が満たされたとしても、それによって周囲の人が喜びを感じることが少ないばかりではなく、かえって傲慢な感じを受け、マイナスの念の波動を返してくる可能性もあります。

ですから、逆によい引き寄せを実現するには、この優越感充足欲求からの脱却が必要なのです。

それでも、人から認めてもらったり、ホメてもらったりすると、やはりうれしいものですよね（笑）。

ただし、ホメられ方にも、上手、下手があるのをご存じですか？

ホメられたときに、有頂天になるのも、また強く否定するのも、引き寄せの法則から言うと、お勧めできません。

有頂天になりすぎると、慢心を呼び、謙虚さを失いがちになりますし、強く否定すると、その言霊《ことだま》が否定的な方向に作用するからです。

また、極端な謙虚さは、「自分は謙虚な人間だ」と逆にアピールして優越感充足欲求を満たすことになりかねませんので、注意しましょう。

そこで、ホメられたときに有効な魔法の言葉をご紹介しましょう。

それは、

「ありがとうございます。○○さんが頑張ってくれたからです」

です！

○○さんとは、自分の上司や部下、あるいは多少なりとも協力してくれた人のことです。

よくサッカーなどで、ゴールを決めた選手に対して、インタビューすると、

「いやぁ、素晴らしいゴールでしたねぇ？」

「はい、ありがとうございます！　○○さんがいいパスを出してくれたからです。自分はたまたまそこにいたんで、ラッキーでした」

なんて答えているでしょう。これがホメられた際のもっとも正しい答え方なのです。

こう答えたからといって、誰も、「ふうむ、そうか、○○が本当のヒーローでホメた相手は、ラッキーなだけだったんだ」なんて思ったりしませんからね（笑）。むしろ、こう答えることで、インタビューを受けた選手の好感度やヒーロー性が格段に高まるものです。

コツは、ホメてくれた内容を強く否定せずに、その裏にいる多少なりとも協力してくれた人をホメるということです。その協力者が上司なら上司の名を部下なら部下の名を、同僚なら同僚の名を○○に入れて使ってみてください。

正しいホメられ方とは？

ありがとうございます
○○さんがいいパスを
出してくれて、僕が
そこにたまたまいたので
ラッキーでした
今日のゴール
すごかったですね

こう答える習慣を身につけるだけで、引き寄せにマイナスとなる優越感充足欲求に翻弄《ほんろう》されることなく、よい意味での引き寄せ力がアップしますよ！

ホメられ上手になるための魔法の言葉

ありがとうございます。
〇〇さんが頑張ってくれたからです

5-4 上司と部下がうまくいくための魔法の言葉

企業勤めにおいて、絶対に逃れられないモノ。

それは「上司と部下」の関係。
これがうまくいくかどうかで、人生が大きく左右される、といっても過言ではありません。

そこで今回は上司と部下とがうまくいくための魔法の言葉をご紹介しましょう！

それは、

「上司はお得意様、部下は分身」
です！

これは私の経験からも得心がいく言葉です。

私が会社勤めをしていたころ、頭が鋭く、細かなところまで仕事の成果をチェックする上司がいました。

その当時はなんて厳しい上司なんだろう、と思い、時々、内心、「いやだなぁ」と反発を覚えていました。

その後、私は訳あって退職し、独立することになったのですが、すると、なんと……、その上司がお客様（お得意様）になってくれたのです！

仕事の内容は同じで、相変わらず、細かいところまで厳しく指摘されましたが、今度はなんだか「ありがたいなぁ」と思えるようになったのです。

不思議ですね。

そうした指摘を受けるたびに、自分の実力が磨かれ、今後どんなお客様にも対応できるようになり、立ち上げた会社がうまくいくような気がしてきたのです。

それに、なんといってもお金をくれるお客様ですからね（笑）。

ただ、よく考えてみると、その会社に勤めているときから、その上司らが経営する会社から教育を受け、お金も、毎月給与という形でいただいていたわけです。

つまり、あの当時からその上司はお得意様だったと言っても過言ではなかったのです！

組織の中にいるとわからなかったことが、組織の外に出ることによってわかるようになることがあるのですね。当時から、「上司はお得意様」という気持ちで仕事をしていたら、くだらない反発心を持たずに気持ちよく仕事ができたはずなのではないかと大いに反省しました。

同じ会社にいると……

あとは頼んだからな～
ここは、こうして
ああして～
はい……
うるせーな！
そんなことは
わかっているよ
細かいことばかり
言いやがって

でも、あなたが独立したら……

あとは頼みましたよ～
ここは、こうして
ああして～
はい、ありがとう
ございます
上司ってお得意様
だったんだ
細かく指示して
くれてありがたい

また少ないながら、部下ができて思ったことは、部下は自分の「分身」だということです。

いくら社長である自分自身が一人で頑張っても夕力が知れています。

部下をしっかりと教育し、持っている能力を精いっぱい伸ばすことが、結局、自分に成果として返ってくるのです。

部下を自分自身だと思って大切にし、やりがいや夢のある会社にすることが、上司の真の役割だと思えるようになりました。

最近、入社してもすぐに退社する新人が増えていると言われています。しかし、彼（彼女）らの多くは、できれば最初に入った会社で長く勤めたいと思っているのです。

もう一度、言います。

「上司はお得意様、部下は分身」
です。

このような考え方を胸に、社員一人ひとり、そして組織全体が動いていくと、きっと素晴らしい成果が上がる会社になることでしょう。

上司と部下がうまくいくための魔法の言葉

上司はお得意様、部下は分身

5-5 利己（エゴ）を克服するための魔法の言葉

世の中、なぜかうまくいかないと思えるときも、ありますよね。

ところで、うまくいかない最大の原因をご存じですか？

それはですね、実は、「乖離《かいり》」なのです。

乖離という言葉を聞くと、ちょっと難しい感じがするかもしれませんね。

では、もっとわかりやすい言葉に変えましょう。

乖離とは、「ズレ」ということです（笑）。


商品が売れないのは、お客様のニーズと提供するものとの間にズレがあるからです。

大学に学生が集まらないときは、大学の提供するサービスと学生のニーズにズレがあるからですよね。

政治不信が蔓延《まんえん》するのは、政治家の意識が国民の意識とズレているからでしょう。

KYな（空気が読めない）人は、周りの人々の気持ちと自分の言動にズレがあるのです。

上司と部下がうまくいかないのは、お互いの認識にズレがあるからです。

夫婦や恋人の仲がしっくりきていない人は、お互いの思いにズレがあることがわかるでしょう。このように物事がうまくいかないことの裏には、たいていの場合、このズレがあるものです。

そこで、この曲者の「ズレ」を退治する魔法の言葉をご紹介します！

それは、

「それって、コキャスタ？」

です！


コキャスタとは、「顧客の思いからスタート」の略で、「お客様第一主義」を表す言葉です。『売上アップのすごいしかけ』の著者、白潟敏朗《しらがたとしろう》さんが、世界でもっとも著名な経営学者、ピーター・ドラッカーの考え方をこの言葉で端的に表現したのです。素晴らしいですね。

私はこの「コキャ」を、顧客だけではなく、自分を支えてくれている人々という意味で捉えれば、先に列挙したさまざまなズレの撃退が可能になると考えています。

新しい売り上げアップ法を考えついたら、「それって、コキャスタ？」と自問してみましょう。

それって、コキャスタ？

売れない商品は
顧客ニーズとのズレ

会社がうまくいかないのは
企業のエゴによる、
顧客の信頼とのズレ

このブーツ
かっこ悪い

どうせわからないから
賞味期限を
貼りかえようぜ
いいの
かな〜

「それってコキャスタ？」を考えると……

このブーツ
欲しいなあ

賞味期限が過ぎたら
売ったらダメだぞ
は〜い

賞味期限を貼りかえるなどという方法なら、絶対コキャスタではありませんよね！（笑）。

それは、「うちスタ」です。

うちスタとは、自分や自社のエゴからスタートしているという意味です。

何事もそうですが、うちスタでは長い目で見て、うまくいくはずはありません。

直ちに考え直しましょう！

会社であろうと、政治であろうと、家庭であろうと、常にコキャスタの精神を忘れないようにすべきです。

何かアクションを起こす前に立ち止まって、言いましょう。

「それって、コキャスタ？」と！

コキャスタの精神で進めていけば、物事はよいほうに転換していきますよ！

利己（エゴ）を克服するための魔法の言葉

それって、コキャスタ？

5-6 悪口を「スルー」するための魔法の言葉

引き寄せ力を下げる一番の方法を知っていますか？

それは、他人の悪口や現状に対して愚痴を言うことです。それに、他人の悪口や愚痴を聞くことも、本当はよくないのです。


でも、まったく聞かないで無視していると、

「あいつ、なんか話しにくいやつだな」

「お高くとまってるんじゃないか」

といった悪念を受けてしまうかもしれませんね。悪念は、引き寄せ力を下げる要因になりますので、ぜひ注意したいものです。


そこで今回は、こんなときの、とっておきの言葉をご紹介します。

それは、

「そうだよね、わかるよ」

です！

この言葉を言って、さりげなく話題をポジティブな方向に切り替えましょう。

この言葉は、健康食品の事業で大成功を収め、長年、長者番付の上位にランクされている斉藤一人さんの著書で学んだ言葉です。

人はこの言葉を言われると、自分の言っていることをいったんは受け入れてもらえたと思って安心するものです。

もちろん、この言葉は相手の悪口に同調しているというわけではありません。単に相手の言っていることが「わかる」「日本語として理解できる」ということを伝えているに過ぎないのです。

相手に仲間意識を持ってもらいつつも、安易な悪口や愚痴には、意識の焦点は当てず、もっと前向きに考えることの大切さをさりげなく伝えることができます。

そうだよね、わかるよ

うちの会社ってこんなことも
あんなこともダメなんです！
そうだよね、
わかるよ
うんうん
悪口の念

「そうだよね、わかるよ」は
相手の悪口の念をスルーする便利な言葉

悪口や愚痴は、自分の置かれた環境や境遇におけるマイナス面に焦点を当てることです。引き寄せの法則では、意識の焦点を当てたものを引き寄せることになるわけですから、悪口や愚痴は絶対に避けなければなりません。

さぁ、あなたも今日から、他人の悪口や愚痴に遭遇したときは、

「そうだよね、わかるよ」

と言って、さりげなく話題をポジティブな方向に切り替えてみましょう！

素晴らしい効果が期待できますよ！

悪口を「スルー」するための魔法の言葉

そうだよね、わかるよ

5-7

他人の行動を好転させる魔法の言葉

部下や後輩など、人を注意することって、なかなかタフなことですよね。
必要な注意はしなければいけないし、でも、頭ごなしにしかって、人間関係が悪くなったら……、なんて、思っている方も多いのではないでしょうか。
そこで、そんなあなたに、うってつけの魔法の言葉をご紹介しますね。

それは、

「○○○、そして……したら、もっとよくなるよ」

です！

普通、人を注意するときには、その前にまずホメることが大切ですよね。
でも、ホメたあと、注意すべきことを言う前に、

「でも」

という接続詞でつなぐ人が多すぎるような気がします。

「～さん、お茶を率先して出してくれるのは、とてもよいことね。でも、お茶を出す順番を目上の人からにしないといけないでしょ！」

という注意の仕方が多いのです。

しかし、このような注意の仕方をすると、相手には、前段のホメ言葉がまったく残らなくなり、効果も半減してしまいますよね。それに、改善点も素直に受け止めてくれないかもしれません。

ところが、「でも」を「そして」に変えると、どうなるでしょう。

「～さん、お茶を率先して出してくれるのは、とてもよいことね。そして、お茶を出す順番を目上の人からにしたらもっとよくなるよ」

おそらく、注意されたほうは、ホメ言葉をより素直に受け止めると同時に改善点もしっかり頭に入ることでしょう。

ぜひ、試してみてくださいね！

「でも」は禁句

今日は
よく頑張ったね
ありがとう
ございます
でも、○○はダメ
○○も遅い
やれやれ……結局、
文句言うのかよ

「でも」を「そして」に変えると……

そして、
○○すると
もっとよくなるよ
はい、わかりました
次から気をつけます

ホメ言葉も改善点も素直に
受け止められるようになる

先ほどもお話ししましたように、注意やしかる方法には、**不快誘導法**と**快感誘導法**の二つがあります。

前者は、相手に不快感を起こさせ、二度とその不快感を味わいたくない、と思わせて、人を望ましい方向に誘導する方法です。

後者は、相手に快感を与え、その快感をまた味わいたいと思わせて、人を望ましい方向に誘導する方法です。

どちらも、一長一短がありますが、引き寄せの法則では、後者の快感誘導法のほうが優れていると考えられています。自分も相手も、よい念を交換し、相互に高め合うことができるからです。

他人の行動を好転させる魔法の言葉

○○○、そして……したら、もっとよくなるよ

5-8 人に上手に好意を示すための魔法の言葉

最近の世界における日本人の活躍には目を見張るものがありますね。とくにメジャーリーグなどのプロスポーツの分野での活躍には、目を見張るものがあります。

以前、あるブログ（翻訳ブログ　http://ameblo.jp/ica-trans）で、こんな記事を見つけました。

「福留選手の所属するカブスは、昨日が開幕戦でした。
試合も大詰めを迎え、9回表が終了した時点で3点のビハインド。
なんとそこで、なんと福留選手が3ランホームランを打ったのです!!

もちろん、これはとってもいいニュースだったのですが、もう一つおまけのニュースがありました。

なんと、カブスを応援するファンが「偶然だぞ！」と書かれたボードを掲げていたのです。

それも一人ではなく何人も……。

きっと福留選手を応援しようと思って準備されたボードだったのでしょう。

それなのに、訳が……

ちょっと残念な誤訳になっていましたね。

本当は

「It's gonna happen」（何かが起こるぞ）

と言いたかったようです」。

ところで、アメリカ人が日本語で「偶然だぞ！」とボードに書いても、笑って済ませることができますが、これが日本人同士だったら、大変ですよね。

「偶然だぞ！」のニュアンスは、たとえ福留選手がヒットを打ったとしても、それは偶然、つまり「まぐれだ」と言っているに等しいわけですから。

今のは極端な例ですが、いずれにしても、言葉で相手に真意を上手に伝えるのは、案外、簡単ではないようです。

相手に「好意」を伝える場合もそうです。

「好きです」とか「好意をもっています」なんていう単刀直入な表現は、大げさなだけでなく、特に異性に対しては誤解を生みやすいですしね。

たとえ恋愛感情があるにしても、いきなり「好きです」とか「好意をもっています」なんて言うと、「オモ～い」と受け止められ、ドン引きされる危険性大ですよね。

さて、そんなときに有効な魔法の言葉がこれです。

それは、

「○○さんのファンです！」

です！

これなら、さりげなく相手に好意が伝えられますよね。

ちょっとテレながら言うのがコツです（笑）。

またこの言葉は、異性だけではなく、目上の同性に対して使ってもＯＫですから、使い勝手がいいのです。

先日、あるパーティで、私の尊敬する先生をお見かけしたので、早速この言葉を使ってみました。

「あの、私は○○先生のファンなんですよ！」

すると、その先生、なんと返答されたでしょう？

○○さんのファンです！

僕、○○さんの
ファンなんです！
好意
私も○○さんの
ファンなんですヨ！

互いに好意を上手に伝えると
人間関係がよくなる

「ハハハ、私も宮﨑先生のファンですよ！」

（う〜ん、ヤラレタ！　見事な即答！）

立派な人は、「引き寄せの法則」という言葉などご存じなくても、先刻、その真髄を理解され、ちゃんと実践されているのですね（笑）。

とにかく、好意を上手に伝えると、人間関係がよくなり、引き寄せ力もぐ〜んとアップしますよ。

人に上手に好意を示すための魔法の言葉

○○さんのファンです！

5-9 キング・オブ魔法の言葉

皆さん、魔法の言葉の王様って、なんだかご存じですか？

それは、

「ありがとう！」

です！

「えー！　ヒネリがないじゃない！」とおっしゃるかもしれませんね。

でも、これは何にも勝る、魔法の言葉であることには間違いありません。

言ってみれば、「キング・オブ・魔法の言葉」なんです。

日本人は、何かしてもらうと、なぜか「すみません」って言いますよね。

例えばエレベーターで、「開く」ボタンを押して、誰かが自分を待っていてくれたとき。
自分が落とした物を、誰かが拾ってくれたとき。

「引き寄せの法則」では、感謝すれば、感謝したくなるようなことを引き寄せます。

特に相手に何かしてもらったら、必ず相手に、感謝の心を伝えるべきです。
だから、「すみません」ではなく、「ありがとう」と言うべきなのです。

まずは、どんな小さなことにでも感謝し、感謝の言葉を口に出してみましょう。

「今日は晴れてくれてありがとう」
「電車がちゃんと動いてくれてありがとう」
「今日も一日無事に過ごせてありがとう」

簡単ですよね。何の技術もいりません。これで引き寄せ力がアップするなら、感謝しない手はないですね。

ぜひ、たった今からでも、お試しください！

それから、あなたの周りの人にも、機会あるごとに感謝の気持ちを伝えましょう。

例えば、あなたの誕生日には、まずお母さんに「ありがとう！」って言いましょう。

え？　自分の誕生日は、「おめでとう」って言われる日じゃないのかって？
もちろんそうですけど、よーく考えてみてください。
あなたの誕生日は、どんな日ですか？

そう。あなたのお母さんが、産みの苦しみを乗り越えて、あなたをこの世に送り出してくれた日なのですよ。

だから、あなたの誕生日には、大変な思いをしてあなたを生んでくれたお母さんに「生んでくれてありがとう」と言うべきなのです。
そして、もちろん一生懸命働いてあなたを育ててくれたお父さんにも「育ててくれてありがとう」と言ってみてはいかがでしょうか。

ちょっと照れくさいけど、ご両親はきっとすごく喜ばれると思いますよ。

ところで、「ありがとう」という言葉を、実際に業績アップに結びつけている会社があるのです。

それはタマゴボーロで有名な竹田製菓です。

タマゴボーロとは、小さい子どもがよく食べる、小さくて丸いお菓子ですね。

同社社長の竹田和平さんは、１００社以上の上場企業の大株主で、日本一の個人投資家としても知られています。

竹田さんは「１日に３０００回ありがとうと言ってみなさい。人生変わるから」と述べています。

そして、ユニークな制度を設けて、自社でそれを実践しています。

ありがとう！

今日まで生きてこれて
ありがとう
晴れてくれて
ありがとう
仕事ができて
ありがとう
みんな友達でいて
くれてありがとう
お母さん、生んでくれて
ありがとう
お父さん、育ててくれて
ありがとう
「ありがとう」は言い続けると
運がよくなるキング・オブ・
魔法の言葉

ほんとうに「ありがとう」!!

その制度とは、社員が1時間「ありがとう」というと、給与とは別に、時給800円を支給するというものです。

竹田さんは、この制度を教育システムと位置づけているようです。確かに、「ありがとう」と言えば、すぐに現実としてありがたいことを引き寄せられるわけですから、社員が感謝の効果を学ぶには、とっても効果的なシステムですよね。

また工場には、子どもの声で「あーりーがーとーう！　あーりーがーとーう！……」と録音されたテープが24時間流れているそうです。商品たちはこの「ありがとう」を何度も何度も聞いて、世に出て行くわけですね。

この竹田製菓がシェアを伸ばし続けているのは、なにより、「ありがとう」の言葉、というか「ありがとう精神」のおかげ、かもしれませんね。

ところで感謝には、次の三つのパターンがあると考えられます。

一つは「後から感謝」です。上司や先輩から厳しく注意されたときなど、その場ではムッとしたり落ち込んだりしますね。でも、後からその意味が理解でき、改めて感謝することになります。

もう一つは、「あたりまえ感謝」。これは、よいことが起きたときや誰かにお世話になったときなど、感謝してあたりまえのときにする感謝です。

そして、もうひとつが「先回り感謝」。「こうなったらいいのになぁ」という自分の望んでいる状況を想像し、それが実現しているイメージを浮かべ、「ああ、よかった。ありがとう！」と先回りして感謝することです。

この3種類の感謝を常に心がけていると、引き寄せ力がぐ～んとアップしますよ。

そして大事なのは、感謝の仕方。

「ありがとうございます～っ！」と心の底から感謝することが大事です。

心の底から感謝するのと、口先だけで「ハイハイ、ありがとね」と感謝するのとでは、その効果に雲泥《うんでい》の差があるのですから。

ぜひ、試してみてあなたの人生を豊かなものにしましょう！

ここまで読んでいただき、**本当にありがとうございます！**

では、あなたにいっぱい、よいことが、ありますように！

キング・オブ魔法の言葉

ありがとう！

〔主な参考文献〕

『夢をかなえる「引き寄せの法則」バイブル』宮﨑哲也著　秀和システム　２００８年
『運命が変わる 未来を変える』五日市剛・矢山利彦著　ビジネス社　２００７年
『売上アップの すごいしかけ』白潟敏朗著　中経出版　２００６年
『セレンディップの３人の王子たち』竹内慶夫訳　偕成社　２００６年
『人生を変える！「心のブレーキ」の外し方』石井裕之著　フォレスト出版　２００６年
『人生、負け勝ち』柳本晶一・松瀬学著　幻冬舎　２００５年
『生き方』稲盛和夫著　サンマーク出版　２００４年
『原因と結果の法則』ジェームズ・アレン著　サンマーク出版　２００３年
『道は開ける』デール・カーネギー著　香山晶訳　創元社　１９９９年
『変な人の書いた成功法則』斉藤一人著　総合法令出版　１９９７年
『稲盛和夫語録』ソニーマガジンズ ビジネスブック編集部編　ソニーマガジンズ　１９９７年
『経営の行動指針―土光語録』土光敏夫著　産能大学出版部　１９９６年
『成功の法則』江口克彦著　ＰＨＰ研究所　１９９６年

『船井幸雄の人生道場』船井幸雄・中島孝志著　ダイヤモンド社　1994年
『船井幸雄の人間の研究―人生のコツ・経営のコツとは何か』船井幸雄著　PHP研究所　1990年
『吉田松陰』（山岡荘八歴史文庫）山岡荘八著　講談社　1987年
『菜根譚』洪自誠著　中村璋八、石川力山訳注　講談社　1986年
『続・如是我聞　五井先生の言葉』高橋英雄編著　白光真宏会出版局　1973年
『眠りながら巨富を得る―あなたをどんどん豊かにする「お金と心の法則」』ジョセフ・マーフィー著　大島淳一訳　1973年

MEMO

MEMO

＜著者紹介＞

宮崎 哲也（みやざき てつや）

福岡大学大学院商学研究科博士課程修了。九州情報大学教授を経て、現在、大阪国際大学国際コミュニケーション学部教授。NPO法人・キャリア開発研究機構福岡理事長。

キャリアカウンセラー。マーケティング・企業価値経営・M&A・CSR・MOT・IR・起業・投資などの分野で講演・執筆を行っている。

著書に『夢をかなえる「引き寄せの法則」バイブル』（秀和システム）『わかる!!儲かる!!外貨投資FXのしくみ』（ナツメ社）『コトラーのマーケティング理論が面白いほどわかる本』（中経出版）『図解でわかるM&A』（日本実業出版社）などがある。

URL：http://www1.ocn.ne.jp/~tezya/

JASRAC 出 0808514-801

引《ひ》き寄《よ》せ力《りょく》がぐーんとアップする魔法《まほう》の言葉《ことば》

2008年８月17日　初版　第１刷発行

著　者　宮　崎　哲　也
発行者　斎　藤　博　明
発行所　ＴＡＣ株式会社　出版事業部（TAC出版）
〒101-8383 東京都千代田区三崎町3-2-18 西村ビル
電話　03(5276)9492(営業)
FAX　03(5276)9674
http://www.tac-school.co.jp
プリプレス　株式会社　ム　ア　ン
印　刷　株式会社　光　邦
製　本　東京美術紙工協業組合

ISBN 978-4-8132-2925-4

資格の学校TAC

TAC窓口のご案内

札幌校
〒060-0005
札幌市中央区北5条西5丁目7番地 sapporo 55 3F
☎011(242)4477(代)

水道橋校
〒101-0061
千代田区三崎町1-3-9 MCビル
☎03(3233)1400(代)

池袋校
〒171-0022
豊島区南池袋1-19-6 オリックス池袋ビル
☎03(5992)2850(代)

八重洲校
〒100-0005
千代田区丸の内1-8-2 第二鉄鋼ビル4F
☎03(3218)5525(代)

町田校
〒194-0013
町田市原町田6-16-8 壮平ビル2F
☎042(721)2202(代)

公認会計士講座専用校 日吉校
〒223-0062
横浜市港北区日吉本町1-22-10 日吉駅前ビル2F
☎045(560)6166(代)

名古屋校
〒450-0002
名古屋市中村区名駅3-28-12 大名古屋ビルヂング4F
☎052(586)3191(代)

梅田校
〒530-0015
大阪市北区中崎西2-4-12 梅田センタービル4F(32階建てビル)
☎06(6371)5781(代)

神戸校
〒651-0087
神戸市中央区御幸通8-1-6 神戸国際会館22F
☎078(241)4895(代)

仙台校
〒980-0021
仙台市青葉区中央1丁目3番1号 アエル25F
☎022(266)7222(代)

新宿校
〒160-0023
新宿区西新宿1-10-1 MY新宿第二ビル6F
☎03(5322)1040(代)

渋谷校
〒150-0043
渋谷区道玄坂1-16-3 日土地渋谷ビル
☎03(3462)0901(代)

立川校
〒190-0022
立川市錦町1-6-6 岩崎錦町ビル2F
☎042(528)8898(代)

横浜校
〒220-0011
横浜市西区高島2-19-12 スカイビル25F
☎045(451)6420(代)

大宮校
〒330-0854
さいたま市大宮区桜木町1-10-17 シーノ大宮サウスウィング3F
☎048(644)0676(代)

京都校
〒600-8005
京都市下京区四条通柳馬場東入立売東町12-1 日土地京都四条通ビル5
☎075(255)5210(代)

なんば校
〒542-0076
大阪市中央区難波2-2-3 御堂筋グランドビル13F
☎06(6211)1422(代)

広島校
〒730-0011
広島市中区基町11-10 プライム紙屋町
☎082(224)3355(代)

福岡校
〒810-0001
福岡市中央区天神1-13-6 日土地福岡ビル7F
☎092(724)6161(代)

TAC提携校のご案内

盛岡校(盛岡カレッジオブビジネス内)
〒020—0025 盛岡市大沢川原3-1-18
☎ 019(606)1117(代)

宇都宮校(学校法人TBC学院内)
〒321—0963 宇都宮市南大通り2—1—2 TBC学院6F
☎ 028(651)3277(代)

前橋校(中央総合学院内)
〒371—0844 前橋市古市町1—49—1
☎ 027(253)5583(代)
●太田校舎 〒373-0853 太田市浜町26-3
☎ 0276(60)1521

富山校(富山情報ビジネス専門学校内)
〒939—0341 射水市三ヶ576
☎ 0766(55)5513(代)

金沢校(エルアンドエルシステム北陸内)
〒921—8044 金沢市米泉7-28-1
☎ 076(245)7605(代)

姫路校(穴吹カレッジ内キャリアアップスクール)
〒670—0927 姫路市駅前町254番地 姫路OSビル3F
☎ 0792(81)0500(代)

岡山校(穴吹カレッジ内キャリアアップスクール)
〒700-0901 岡山市本町6-30 第一セントラルビル2号館8F(旧フジビル・OPA8F)
☎ 086(236)0225(代)

福山校(穴吹カレッジ内キャリアアップスクール)
〒720—0066 福山市三之丸町30-1 福山駅構内サントーク3F
☎ 084(991)0250(代)

高松校(穴吹カレッジ内キャリアアップスクール)
〒760—0021 高松市西の丸町14-10
☎ 087(822)3313(代)

徳島校(穴吹カレッジ内キャリアアップスクール)
〒770—0832 徳島市寺島本町東3—12—7 増田ビル3F
☎ 088(653)3588(代)

佐賀校(ゼロワン公務員カレッジ佐賀校内)
〒040　0001 佐賀市松原1 0 6
☎ 0952(28)5810(代)

長崎校(長崎コンピュータ専門学校内)
〒852—8118 長崎市松山町4—40
☎ 095(849)0380(代)
●佐世保校舎 〒854—0862 佐世保市白南風町5—15 ビバシティ佐世保ステーションスクエア
☎ 0956(22)1311
●諫早校舎 〒854—0071 諫早市永昌東町1—51
☎ 0957(24)6612

熊本校
〒860—0844 熊本市水道町9—31 損保ジャパン熊本水道町ビル
☎ 096(323)3622(代)

宮崎校
〒880—0867 宮崎市瀬頭2—5—8 パソナ宮崎会館3F
☎ 0985(31)9006(代)

鹿児島校(鹿児島情報ビジネス専門学校内)
〒892—0842 鹿児島市東千石町19-32
☎ 099(239)9523(代)

沖縄校
●那覇校舎 〒902—0067 那覇市安里1—1—61 キャスティービル
☎ 098(864)2670(代)
●中部校舎 〒904-0013 沖縄市室川1-2-20
☎ 098(930)2074

TACホームページ URL http://www.tac-school.co.jp/

(平成20年5月現在

書籍の正誤についてのお問合わせ　TAC出版

万一誤りと疑われる箇所がございましたら、以下の方法にてご確認いただきますよう、お願いいたします。

なお、正誤のお問合わせ以外の書籍内容に関する解説・受験指導等は、**一切行っておりません。**
そのようなお問合わせにつきましては、お答えいたしかねますので、あらかじめご了承ください。

1 正誤表の確認方法

TAC出版書籍販売サイト「Cyber Book Store」の
トップページ内「正誤表」コーナーにて、正誤表をご確認ください。

TAC出版書籍販売サイト Cyber Book Store

URL:http://bookstore.tac-school.co.jp/

2 正誤のお問合わせ方法

正誤表がない場合、あるいは該当箇所が掲載されていない場合は、書名、発行年月日、お客様のお名前、ご連絡先を明記の上、下記の方法でお問合わせください。
なお、回答までに1週間前後を要する場合もございます。あらかじめご了承ください。

文書にて問合わせる

●郵送先　〒101-8383 東京都千代田区三崎町3-2-18
TAC株式会社 出版事業部 正誤問合わせ係

FAXにて問合わせる

●FAX番号　**03-5276-9674**

e-mailにて問合わせる

●お問合わせ先アドレス　**syuppan-h@tac-school.co.jp**

お電話でのお問合わせは、お受けできません。

（平成20年5月現在）